ブリーフセラピー講義

太陽の法則が照らす
クライアントの
「輝く側面」

若島孔文
WAKASHIMA
Koubun

Ψ
金剛出版

はじめに

二〇一一年一〇月四日。小野直広先生がこの世を去り、この日で一〇年になります。一九九四年、小野直広先生を中心に「短期療法を学ぶ会」が仙台に生まれました。前身となった「家族療法を学ぶ会」からの改名であったそうです。一九九五年に私の恩師である長谷川啓三先生が加わり、重層的な会に発展していきました。一九九七年に「短期療法を学ぶ会東京」が、一九九八年には「短期療法を学ぶ会山形」が、二〇〇〇年には「短期療法を学ぶ会千葉」が誕生しました（参考として、短期療法を学ぶ会、二〇〇二）。小野直広先生がお亡くなりになり、告別式で「短期療法を学ぶ会千葉」の幹事のお一人である抱真由美先生とお会いし、私は「短期療法を学ぶ会千葉」に参加することとなりました。

その後、二〇〇八年に日本ブリーフセラピー協会（National Foundation of Brief Therapy）が設立され、「短期療法を学ぶ会」は、東京青山サロン、横浜、名古屋、京都、鹿児島、福岡に学びの場を広げ、二〇〇九年一一月二二日に第一回学術会議が開催されました。「短期療法を学ぶ会」は日本ブリーフセラピー協会の支部となり、一つのまとまりをもちました。年に一回の学術交流を行うことや、より大きな企画をするための土台づくりとしてこれは重要なことでした。私自身は日本ブリーフセラピー協会本部で行われている研修員制度のチーフトレーナーとしての役割と「短期療法を学ぶ会仙台」のお手伝いをさせていただいています。

さてここで小野直広先生と私の関係に言及する必要があるでしょう。一九九七年、日本家族心理学会第一四回大会にて、「神経性脱毛症患者への短期療法――〝操作性〟についての一考察」という事例研究を発表しました。一番前で聴いていてくださったのが小野直広先生でした。それまでもたびたびお会いすることはありましたが、事例の経過や私の考えを聴いていただいたのははじめてでした。その発表の中身を一言で言うと、治療者のもつ治療モデルは面接中の会話に反映され、どのような治療モデルに従おうと、そのモデルに影響されるために操作的でない心理療法などあり得ない、という考察を実際の会話のプロセスを示し説明したのです。小野直広先生は質問と温かなコメントをくださりました。内容は覚えていませんが。

そして二〇〇一年の精神分析系の学会の企画ディベート「精神分析VS家族療法」という過激な公開討論のタッグとして私を指名してくださいました。天才精神分析家である妙木浩之先生との出会いもこのディベートがはじまりです。このディベートは小野直広先生との最初で最後となる記念すべきイベントでした。私は舞台の上で自分の発表前に深呼吸しました。するとズボンのベルトが……な、なんとちぎれたのです!! 深呼吸しすぎですね。で、精神分析の先生が難しい質問を小野先生に投げつけました。すると「難しい話はよくわからない。若島君に訊いてくれ！」と私にバトンを渡したのです。そこで私はあたふたし「すいません。小野先生、私はそれどころではないのです。ベルトが切れてなんとかしようとしていて、質問なんて聴いていませんでした」と舞台の上で述べたのです。すると会場がどっと笑い、家族療法家の面白さを皆様に知っていただくことができました。そんなおり小野先生から歴史的名言が投げかけられました。「難しいことはわからないが、それって治るの？」と。精神分析家は硬直し、こわばった表情で次のようなことを言いました。「精神分析の目的は治療ではなく、分析することと自体である。治す治さないならば家族療法が良いだろう」と。そしてディベートは終了しました。ちなみに私が演台に立ったときは小野先生のクロコダイルのベルトを借りていました!!

また本書をまとめているとき、日本産業カウンセラー協会宮城支部の大竹明子先生と話す機会があり、小野先生が私のことをいつも車の中で話していたと聞きました。私はそのようなことを全く知りませんでした。何を話していたかはよくわかりません。でも気にかけてくださっていたのでしょう。
本書のタイトル『太陽の法則』。それは小野直広先生の『太陽の魔術』を法則として言い換えた言葉であり、光りあるところに光を当てる、そのようなセラピーのことです。『北風と太陽』の物語を皆様はご存知のことでしょう。旅人のコートを脱がせるのは北風か太陽か……私は臨床活動をはじめて今年で一六年になりますが、今の結論は太陽こそが人を変えることができるということです。読者の皆様が本書を読み終えたその瞬間から、平均的に八〇点をとれるブリーフ・セラピストになれると私は考え、そして期待しています。

なお、本書は二〇一〇年一〇月二日に行われた日本ブリーフセラピー協会名古屋支部（短期療法を学ぶ会名古屋）におけるワン・デイ・ワークショップの記録をもとに加筆修正したものであることを付記しておきます。

二〇一一年一月四日
若島孔文

ブリーフセラピー講義——太陽の法則が照らすクライアントの「輝く側面」　目次

第5章　質疑応答を通じての理解

第6章　シミュレーションから学ぶ（2）

コラム

ブリーフセラピー講義——太陽の法則が照らすクライアントの「輝く側面」

第1章　ブリーフセラピーとは

私はこれまでいくつかのブリーフセラピーや家族療法に関する本を書きましたが、本書は最もアップデートされた一番新しい私の考え方になります。大雑把に言いますと、ブリーフセラピーというもの、あるいはもっと言うと、カウンセリングとか心理療法というものが、結構難しいものだというふうに私はこれまで考えていたところがあります。けれども、今は全くそう思っていません。カウンセリングとか心理療法というのは、少なくとも私の視点においてはとてもシンプルで、誰でもできる、やりやすいものであると現在では思っています（参考として、生田、二〇一〇）。そのような観点から皆様にその考え方を伝えていきたいと思います。

1・1　なぜブリーフセラピーはシンプルなのか

なぜブリーフセラピーがシンプルかと言いますと、こういうことだと思います。つまり、どんなに難しい理論を援助者が考えようと、また、援助者がどういう説明をするにせよ、結局その目の前にいる人が元気になっていかない、どんどん萎んでいくような、そんなカウンセリングでは援助になっていないと思うんですね。つまり、その目の前の人たちが元気になっていく、そういう援助ができれば、それで良いわけだと、今は思っています。それがブリーフセラピー、すなわち、短期療法です。ブリーフセラピーは結果的に短いものになるかもしれないし、一方ではやく終わらなくてはならないというものでは決してないと私は思います。基本的には、はやく終わったほうが良いと私たちブリーフ・セラピストは考えています。基本的にはそう考えていますけど、ただ、そのクライアントの方がもし長期的な援助を求めているならば、別にはやく終わる必要もないと思っています。その人が元気になれば良いだけですから、非常にシンプルだと思います。〝元気は主体的な活力に結びついているものであり、その主体的な活力を表現する「身体的な知」は生命のソフトとして非常に重要です〟（清水、一九九六、一七頁）、それが一つ目のブリーフセラピーの特徴です。

以前、私はある新聞を駅で買いました。その新聞の中折りに投稿された文章が面白くて、ここで紹介したいと思います。娘さんからの投稿で、お父さんがいつも家にパンツ一丁でいる。そして宅配がピンポーンって来たら、お父さんがそのままパンツ一丁で出て行こうとするわけです。そこで、お母さんが何て言ったかというと、こう言ったんですよ。「お父さん、パンツ一丁で、そんな格好で出て行っちゃだめでしょ！ 蚊に喰われるから!!」こういうふうに言うわけです。娘さんが投稿した最後のオチっていうのは、「お母さん、そういう問題じゃないでしょ！」っていうことでした。娘さんから見ると、確かにそうなんだけれども、私はこの奥さんはすごいと思いますね。なぜなら、旦那さんがパンツで玄関に出て行くっていう行為をストップしたい、というのが目標であり、ここでの奥さんの言葉が旦那さんの抵抗を完全に処理した言い方だからです。普通の奥さんだったらこう言いますよ。「そんな格好してみっともないからズボンぐらい履いてよ!!」こう言って夫婦間で険悪なムードになって、しかも下手をしたら、旦那さんも反発して、最後の砦である一枚のパンツまで脱いで玄関に出て行くかもしれません。人間というのはそんなものです。こういう言葉を妻から受けると旦那さんは反発します。投稿記事の奥さんは「蚊に刺されたらいけない」というように、旦那さんに対する心配を伝えて、それによって旦那さんにズボンを履かせようというのですから、これはもう素晴らしいブリーフなやり方だと思うのです。ブリーフセラピーとこの例でパンツネタがかかってますね（笑）。冗談です。

私が思うのは、つまり、今紹介した例のように日常生活のなかで、ブリーフセラピーの技みたいなことは普通に行われているし、行っている方がいるということです。だから、心理療法やカウンセリング場面だけの問題ではないし、また、人を元気にするものは決して心理療法やカウンセリングだけではないということも、この例は示しています。人を元気にするというのは、どうしてもカウンセリングとか心理療法とか考えてしまうところがありますが、本当はセラピーっていうのは、全然そんなものではなくて、カウンセリングもその一つかもしれませんが、日常生活自体が私たちのセラピーになっているわけです。例えば、私だと犬ですよね。私は犬がいないとシュンとしますよ。また、草花とかですね。花というのはものすごいと思いますよ。なぜなら、本当に生態系のためにあんな色をしたり、形をしているというのは、神秘的ですよね。人間のために作られたとしか思えない。もともとあるものを改良してるだけですから、まあそういうところもあるんですが、花というのは人間のために存在しているようにしか思えないような存在です。花の香りもそうです。別に人間が良い香りだと思わなくても生態学的には良いわけじゃないですか。もし虫が寄って来るとかそういうことであれば。また、食も同様です。日本人の多くは食に癒されていると思います。日常の夫婦のやりとりも、犬も、花も、食も、そういうものすべてがセラピーだと私は思います。そしてそれらはすべて非常にシンプルです。今日も食べ物は食べるし、私は家に帰れば犬がいるし、そういうものだと思います。

1・2 家族療法成立の背景

私とブリーフセラピーとの最初の出会いは東京駅の八重洲ブックセンターでした。「ブリーフってなんだ???」聞いたことないから買っておこうと、十冊くらい自分が知識のない、聞いたことのないタイトルの本を中も見ずに買ったことがはじまりです。そのなかの一冊がブリーフセラピーに関するもの、そしてそのなかの二冊が家族療法に関するものでした。その時は「ブリーフってちょっとよくわかんないな、パンツかなー」と思いながら、本屋をあとにしたのです。

まずは基礎的なところ、家族療法とブリーフセラピーの関係を少し説明したいと思います。以前から学んでいる方にとってはこのような説明は必要ないと思いますが、最近、つとにブリーフセラピーが有名になってきたものですから、例えば私が家族療法の話をすると、「それブリーフセラピーに似てますよね」って言われたりするわけです。

ここでは少し家族療法の歴史を説明し、ブリーフセラピーとの関係について整理しておきたいと思います。一九四〇年前後、太平洋戦争が勃発していたような時代です。もともと精神分析はヨーロッパが発祥です。フロイト（Freud, S.）がオーストリアですから。彼の弟子たちも当然、ヨーロッパに広がりました。しかし、フロイト自身もそうでしたが精神分析家にはユダヤ人が多くて、そしてこの時代、精神分析家はイギリスに亡命したり、アメリカに亡命したり、という状況があります。そして結局、この時代に、たくさんの精神分析家がアメリカに入って、そして精神分析がアメリカにおいて一つの発展を見せたわけです。精神分析にはルールがあります。さまざまなルールがありますが、そのなかでも重要なルールの一つが合同面接や実際の親と会うことの禁止、これが明文化されています。これはいくつかの理由があるのですが、一つだけここで言うならば、過去の親子関係というものを分析対象とするなかで、例えば、そういうことを話してもらっているときに、隣に実際の親がいたら、現在の関係の影響を受けてしまう、ということが当然生じてきます。で、そうすると雑音のない、美しい分析が阻害されます。実際にはあと二つくらい理由がありまして、家族と会うことを禁止しているのです。しかしながら、ある程度、多くの専門家に精神分析が認識された時点で、現場にいる精神分析家たちが家族に会いはじめたのです。私たちも自分自身を考えればそうだと思います。例えばスクールカウンセラーとして本人と会って話をして行き詰まったら、ちょっと担任の先生と話してみたいな、保護者の方と話してみたいな、と思うのは当たり前のことですよね。つまり、現場では一九四〇年代の後半から五〇年代、さまざまな専門家たちが、アメリカのあらゆるところで家族と会いはじめたのです。しかしながら、それだけでは家族療法は成立しませんでした。それだけでは単に精神分析家たちが家族と会いはじめたというだけの話です。

1・3 家族療法の黎明期

一九五九年、アメリカの西海岸に、メンタル・リサーチ・インスティテュート（Mental Research Institute（通称ＭＲＩ））が設立されます。そして一九六〇年、アメリカ東部にあるニューヨークにアッカーマン研究所が設立されます。この二つの研究所が家族療法の成立をリードするわけです。つまり、さまざまな専門家たちが家族と会いはじめていた、そういう人たちの動きを家族療法という一つの動きとして、まとめていったのがこの二つの研究所です。

そして、家族療法に関する専門雑誌『Family Process』を刊行することによって、一つの動きとして家族療法をまとめていったのです。実践家レベルでのムーヴメントを家族療法として一つにまとめていくためには、専門家たちの現場の動きだけでは難しかったというのが実情でした。そこで、新たなパラダイムによる説明が必要とされたわけです。家族療法というものを特別に説明する、そういう理論が必要でした。ちょうど一九五〇年前後に、新たな科学として、情報理論や、その情報理論と非常に関わりの深いサイバネティクスというシステム論が出てきたことも重要なことでした。そういう新たな科学のパラダイムを引用し、この二つの研究所が現場の動きである家族との心理療法を説明し、そして家族療法が生み出されたということになります。

私は『Family Process』の発刊年（一九六二年）をもって家族療法元年としたいと考えています。家族療法の成立をリードした二つの研究所のうちの一つであるＭＲＩの初代の所長は、ドン・ジャクソン（Jackson, D.D.）という人です。ドン・ジャクソンは精神科医ですが、精神医学に関するあらゆる賞を受賞した、おそらくこんな人は今後出てこないのではというくらい優れた精神科医でした。そして、非常に若くして亡くなった人です。アッカーマン研究所はネーサン・アッカーマン（Ackerman, N.W.）により設立されました。ネーサンという名前ですが男性です。彼ら二人が先頭に立ってリードして家族療法が成立しました。

家族療法にはさまざまな学派があります。例えば、アッカーマンたちの家族療法は精神分析的な色彩を色濃く残した学派でしたし、ＭＲＩは戦略、コミュニケーション、システムという考え方を治療実践に色濃く反映させた学派でした。他にも家族の構造を重視するミニューチン（Minuchin, S.）たちの構造派や、原家族の影響を重視するボーエン（Bowen, M.）や、ナージ（Nagy, I.B.）、フラモ（Framo, J.L.）といった人たちの多世代派などもあります。このように細分化すればさまざまな学派単位で理解することができますが、それらをひとまとめにする際の基本的な枠組みとして家族療法は成立したのです。

1・4　家族療法とブリーフセラピー

さて、重要なのは一九五九年に設立されたＭＲＩです。このＭＲＩという心理療法の総合的な研究所にブリーフセラピー・センターが創設されたのは一九六六年、つまり、研究所そのものの設立からたった七年でブリーフセラピー・センターが創設されたことになります。これがブリーフセラピーのはじまりです。それまでにもあった、時間制限のある精神分析をブリーフセラピーと呼んだりしている人もいますが、私たちが実践し、研究の対象としているブリーフセラピーのはじまりはMRIにブリーフセラピー・センターが創設されたときです。

ここまで歴史的な背景を振り返って、次いでブリーフセラピーと家族療法の決定的な違いについて述べておこうと思います。端的に言えば、ブリーフセラピーは家族システムだけで考えるのではない、ということが狭義の家族療法との大きな違いです。つまり、家族という枠組みで考えなくても良いということです。ブリーフセラピーはシステムという考え方はもっているけれども、家族システムじゃなくても良いのです。職場関係でも、学校関係でも、システムとして見立てれば介入できると考えます。家族だけにこだわらない。家族は重要なシステムではありますが、システムの一つに過ぎないと考える、これが特徴の一つです。一人の人間はさまざまなシステムに属していますが、ブリーフセラピーの基本的な考え方では、そのなかのどこから介入しても良いと考えます。例えば、スクールカウンセラーなどをやっていて、学校での問題について話しているうちに家庭での問題が見えてきたとします。そうすると、家族療法の見方では家庭の問題を何とかしなければと考えることになるかもしれませんが、ブリーフセラピーではそうは考えません。ここが家族療法との大きな違いです。家族のなかのことじゃなくても良いのです。家族ということにこだわってしまった結果どのようなことが生じ得るかというと、家族に対する介入が上手くいかなかったり、解決困難な問題が家族のなかに根強くあったりした場合に、その時点で「解決は無理だ」となってしまう事態です。ですから、そういった事態を避けるためにできることから介入していく。例えば、問題の子どもさんが学校に来たらこういうことができるとか、あるいは親に対してこういうメッセージを送ることができるとか。できるところからやれば良いのです。ド・シェイザー（de Shazer, S.）らが述べているように、これがブリーフセラピーの考え方です。

ブリーフセラピーのもう一つの特徴は、なるべく効率的で効果的なセラピーを目指すということです。こうしたブリーフセラピーの特徴を語るうえで重要な人物がいますので、その人物についてお話ししようと思います。

1・5　ミルトン・エリクソンの影響

効率的で効果的なセラピーという目標を達成するブリーフセラピーにおいて、アメリカ西海岸のパロアルト市にあるＭＲＩのアプローチでは、グレゴリー・ベイトソン（Bateson, G.）の影響を強く受けています。もっと言えば家族療法は全般的にベイトソンの影響を受けていますし、ナラティヴ・セラピー（Narrative Therapy）という二〇年前くらいから出てきた心理療法もまたベイトソンの影響を受けています（参考として、若島・生田、二〇〇八）。しかしながら、ことに西側の家族療法の特色について説明するときには、もう一人影響力の強い人物を忘れずに挙げておかなければなりません。その人物とはミルトン・エリクソン（Erickson, M.H.）です。優れた才能をもつ催眠療法家として名を馳せたミルトン・エリクソンの考え方は、ブリーフセラピーに多くの影響を与えました。東側のアッカーマンたちの考え方とはそこが全く違います。エリクソンの考え方が入っているのが西側の家族療法であり、ブリーフセラピーに受け継がれていく特色であると言えるでしょう。ミルトン・エリクソンの素晴らしい臨床実践をMRIグループは研究対象として参照することにしました。それら一連の研究からブリーフセラピーに取り込まれたものは多々ありますが、ここでは中心的なものを話したいと思います。

中心的なものは二つです。一つは利用という考え方です。つまり、症状であれ、問題であれ、困難であれ、それを治療、解決に持ち込む、利用するということです。MRIの人たち、例えばポール・ワツラウィック（Watzlawick, P.）という人はこれを〝柔道アプローチ〟と表現しました。どういうことかというと、その人の動き、流れを利用することで、抵抗を起こすことなく問題解決に結びつけることができる、これが一つの考え方です。本書の最初で示した新聞の例を思い出してみてください。旦那さんに対して「そんな恰好じゃ恥ずかしいでしょ！　ズボン履いて！　そんな恰好で玄関に行かないで！」と言ったら抵抗が起こります。しかし、旦那さんのことを気遣っている、心配している、という流れの中で、「そんな恰好で出ちゃだめ！　蚊に刺されるから！」というふうに言うことによって、抵抗なくすみやかに問題解決が生じるとブリーフセラピーでは考えるのです。エリクソンの「利用」という考え方の一つの例です。エリクソンからの流れでは資源、リソースという言葉がよく出てきたりします。リソースを見つけていくことを大切にする流れです。これがエリクソンから得た知恵の一つです。

そしてもう一つが、問題と解決は別であると考える発想法です。通常の考え方では問題と解決はワンセットだと捉えます。しかし、エリクソンの考え方では、いろんな原因でいろんな問題はあるけれど、結局、その人が今以上に幸せ、悩みのない幸せな状態になっていくこと、これが重要だと考えます。問題の原因があって、色々と問題が起こってはいるけれど、その人が今よりも生き生きと自律的に生きていける、そういうことが解決なのです。つまり解決の方向っていうのはそれだけで、それ以外にはない。逆に言うと、「この人は他人に対して依存的で、自分をバカだバカだと思いながら不幸せになっていく」などということを目標に掲げるセラピーというのはないのです。結局はその人が自分のことを自律的に、自分を嫌いにならずに、生き生きと、っていうまではいかないかもしれないですけど、楽しみをもちながら生きていく、そういう状態になれば良い、問題は何であれ。こういう感じです。問題と解決は別。おおよそこういう影響をエリクソンから受けています。

あえてもう一つ挙げるとすれば、グレゴリー・ベイトソンらが提示した一つの重要な考え方であるダブルバインド仮説の貢献も含めることができるでしょう。ダブルバインド（double bind）仮説は、統合失調症者の家族成員について、言ってみれば発症の原因のようなものとして紹介されました。そのような理解は誤解だと私も論文や著書に書いてきたのですが、厳しい見方をすれば多くの人間から誤解されるようなものを提出したのだから、誤解ではなく正解と言えてしまうのでしょうけれど。いずれにせよ、ベイトソンらは統合失調症の原因であるかのようにダブルバインドという概念を提出していきます。ちなみに、現在は当初のダブルバインド仮説のように家族のコミュニケーションが病気を引き起こすとは見られていませんが、家族の影響は統合失調症の再発率と家族の様相という観点で実証的に示されてきています。このようなダブルバインド仮説の見方は、親の対応で子どもが統合失調症になっているという捉え方ができてしまうために、多大なる被害を家族に与えました。しかしながら一方で、家族療法における援助技法としての貢献も果たしました。ダブルバインド仮説はミルトン・エリクソンの卓越した臨床とベイトソン・グループによるその分析により、〝治療的ダブルバインド〟という形で重要な援助技法の一つとなりました。ダブルバインドは、病因論としては現在否定されていますが、今も援助の技法として生き続けています。

1・6 ブリーフセラピーの展開

家族療法とブリーフセラピーの関係というのはおおよそ次のように理解することができます。そして、先ほどまで説明してきたＭＲＩの家族療法から二つのブリーフセラピーが生まれたと言えるかもしれません。一つは、ミラン・システミック・アプローチ（Milan Systemic Approach）です。これはマラ・セルビーニ・パラツォーリ（Palazzoli, M.S.）を含む人たちがＭＲＩの影響を強く受けて一九八〇年頃に作り上げた学派で、ミラノ派の家族療法とも言われています。彼女ら自身が自らのアプローチをブリーフセラピーと呼んでいたことも付け加えておきましょう。そしてもう一つが、スティーブ・ド・シェイザーらが創始したソリューション・フォーカスト・アプローチ（Solution Focused Approach）です。詳しくは後ほど説明しますが、ソリューション・フォーカスト・アプローチのモデルを見ればＭＲＩで主流を成した家族療法

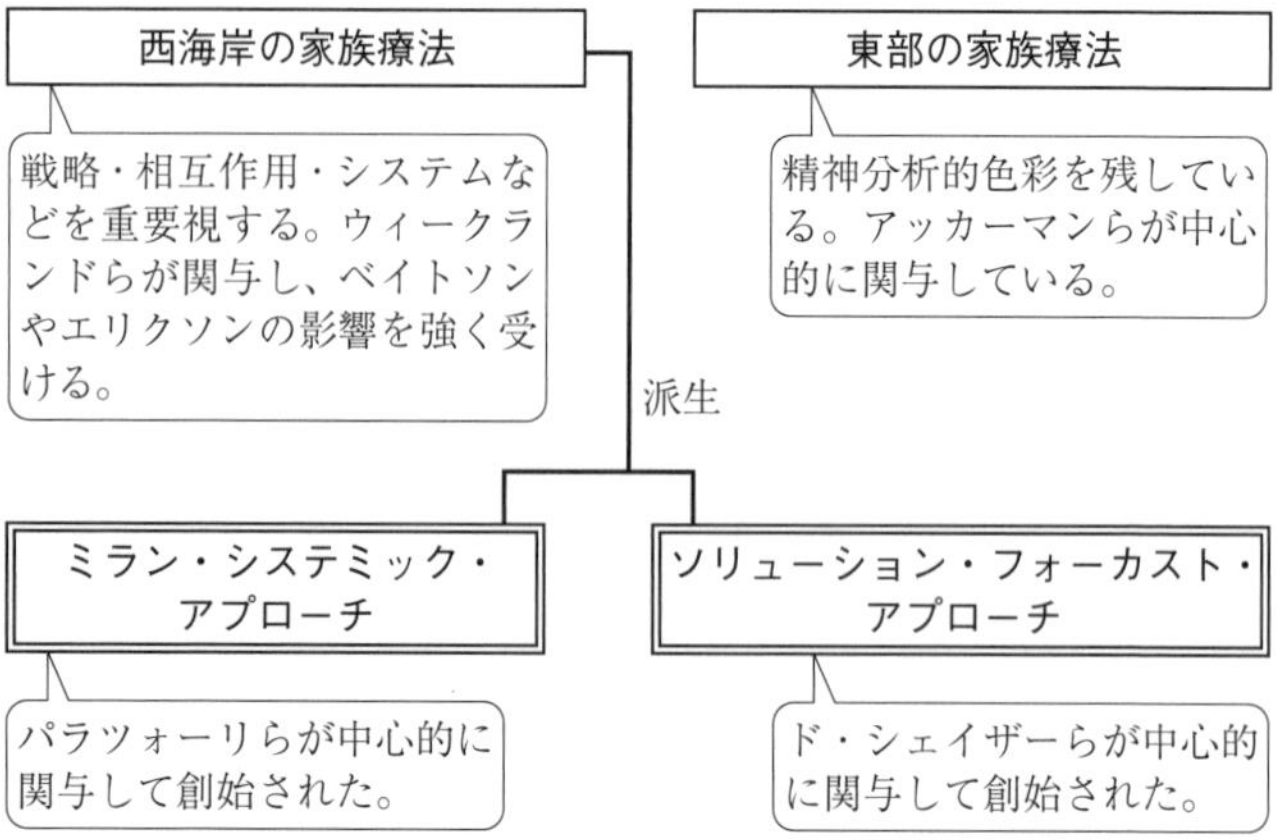
西海岸の家族療法
戦略・相互作用・システムなどを重要視する。ウィークランドらが関与し、ベイトソンやエリクソンの影響を強く受ける。
東部の家族療法
精神分析的色彩を残している。アッカーマンらが中心的に関与している。
派生
ミラン・システミック・アプローチ
パラツォーリらが中心的に関与して創始された。
ソリューション・フォーカスト・アプローチ
ド・シェイザーらが中心的に関与して創始された。

図1　家族療法とブリーフセラピーの流れ

の考え方が取り入れられていることがわかります。ですから、後でソリューション・フォーカスト・アプローチを説明するときにＭＲＩアプローチの考え方も一緒に説明します。ひとまず、これまでのまとめとして、家族療法とブリーフセラピーの流れを整理した図を示しておきます（図１）。

コラム

セラピストの個性の活かし方

板倉憲政

家族療法のチーム面接でセラピーが上手くいっているときには、面接の見立て以外の部分であるセラピストの個性が威力を発揮していることがあります。例えば、チーム面接で観察しているとそれぞれのセラピストのクライアントの言動に対するリアクションはさまざまです。面接場面で、クライアントの話に対して、黒柳徹子のようなリアクションを示すセラピストもいれば、上島竜兵や出川哲朗のようなリアクションを示すセラピストもいました。とりわけ面接が上手くいっているケースでは、上手くいっていないケースに比べて、後者のコテコテなリアクションがクライアントとの会話を促す効果があるように感じます。また、そのようなリアクションをするセラピストに対して、一般的な面接のイメージとは違う感覚をクライアントに与えるように思います。そしてこのような感覚が、面接に対してクライアントが期待をもつことにつながります（若島，二〇一〇）。ちなみに、筆者は、期待をもたせるような面接をするために、下ネタを活用したり、ブレイクダンスをしたこともあります。これをどう受け止めるかはクライアント次第ですが、明らかに筆者は変わり者と思われるのではないでしょうか。しかし、ブリーフセラピーや家族療法の歴史では、セラピスト自体もクライアントに影響を与えることが明確化されていきました。これは、セラピストの個性が面接の成否を左右する重要な要因であることをも意味しているのです。

では、セラピストの個性とは、一体どのように生まれているかというと、それはクライアントとの相互作用によって生まれています。例えば、セラピストは、リアクション一つ取ってみてもそうですが、専門的なアドバイスやコミュニケーションの伝達の仕方を工夫することによってone downもしくはone upというように立ち位置を違って見せることが可能です。筆者自身はというと、どことなく頼りないone downな面接になることが多いです。なおかつ致命的なのは、会話が下手なことです。しかし、不思議とクライアントに助けられることがあります。同じように、コミュニケーションが下手な筆者でも上手くいく面接では、下手なコミュニケーションでありながらも、クライアントが意味を理解していないようであれば、クライアントに理解してもらうまで熱心に伝えようとする姿勢がそこにはありました。つまり、クライアントは、セラピストの話す内容だけでなく、セラピストの振る舞いによって動かされているように感じました。これが、会話下手ゆえの強みなのではないでしょうか。

以上述べてきましたが、基本的に個性は相互作用によって作り変えることが可能です。しかし、そのなかでもセラピスト自身が弱点と感じている個性を把握し、面接場面にユーティライズしていくことも大きな武器になるように感じます。

文献

若島孔文（二〇一〇）家族療法プロフェッショナル・セミナー．金子書房．

コラム

カウンセリングの基礎から見るブリーフセラピー
――クライアントの言葉をもって返す柔道のアプローチ

中島隆太郎

心理臨床の実践を学ぶ入り口はさまざまですが、私は修士課程のカリキュラムで、カウンセリング学習の基礎であるマイクロカウンセリングと、同時にブリーフセラピーを学びました。さまざまな技法を駆使して悪循環を断つブリーフセラピーと、非指示的でクライアントの言葉を丁寧に返していくマイクロカウンセリング、その毛色の違いから双方に繋がりを感じませんでした。しかし、クライアントがもつ素材を活かすという点で共通し、その最小単位の実践が言い換え、感情の反映、要約などのマイクロカウンセリングの技法に見られるような、相手の言葉をもって返す対話のあり方ではないか、と思ったのです。相手の力をもって相手を制す〝柔道のアプローチ〟という異名をもつブリーフセラピーにおいて、さまざまな技法を活用するためには、まずそのような最小単位の実践の積み重ねが重要なプロセスとなってくれるのではないでしょうか。

コンプリメントしかり介入課題しかり、クライアントの現実に則したものでないと効果は望めません。初学者の私にとって、その土台となる信頼関係や技法の活用に至る文脈をクライアントとの間で築くことはより慎重に取り組まねばなりませんでした。ブリーフセラピーをはじめ、家族療法でも多く用いられるリフレーミングを例に挙げると、ワツラウィック（Watzlawick, P. et al., 1974）は「リフレーミングは問題に対する人の物の考え方や現実のカテゴライズの仕方にうまく適したものである必要がある」としており、「患者が治療場面に持って来たものを全部使え」というエリクソン（Erickson, M.）のアプローチの精神を引用しながら、リフレーミングはまずセラピストがクライアントの使う言葉を学習する必要があると言っています。クライアントの言葉を利用しながらありのままを受け止めて返すやりとりは、さらにセラピストが共感し、無条件に受け止めていることを伝えることに繋がります。クライアントが話す出来事や感情、価値観や考え（クライアントの独特な表現は特に）をクライアントの言葉を使って要所要所に挿みながらクライアントがもつ現実の確認を行い、クライアントの言葉に沿った理解に努めます。このやりとりをもってクライアントに受容と共感の体験をしてもらい、クライアントの現実と心の流れに沿うよう心がけます。このような手続きをもって文脈を作り、質問技法によって洗い出された例外を、同じようにクライアントの言葉を利用しながらフィードバックして、コンプリメントを行います。そして、コンプリメントによって展開されたソリューショントークの勢いに乗せて介入課題へ。この一連の流れを作るにあたって、クライアントの言葉の活用は、私の大切な臨床のエッセンスになってくれました。

思えば、クライアントの言葉とはクライアントの小さな分身なのかもしれません。その小さな分身を大切に、ありのままを受け止め寄り添うことは、ブリーフセラピーの技法をより中身の詰まったものにしてくれる、と私は信じ、心がけています。

文献

Watzlawick, P., Weakland, J. & Fisch, R. (1974) Change : Principles of Problem Formation and Problem Resolution. New York : W.W. Norton.（長谷川啓三 訳（一九九二）変化の原理――問題の形成と解決．法政大学出版局）

第2章　ブリーフセラピーのモデル

次に、ブリーフセラピーの代表的なモデルについて説明していきたいと思います。本来、ブリーフセラピーを誕生させたＭＲＩのアプローチから紹介すべきですが、あえてここではソリューション・フォーカスト・アプローチから説明していくことにします。

2・1　ソリューション・フォーカスト・アプローチとは

現在、ソリューション・フォーカスト・アプローチ、すなわち、解決志向モデルというものが心理療法を専門に学ばれた方以外にまでよく知られるようになってきました。このド・シェイザーらのアプローチを私はたいへん優れていると思っています。私自身が家族療法やブリーフセラピーのなかで最も衝撃を受けたのがド・シェイザーの考え方になります。どういう考

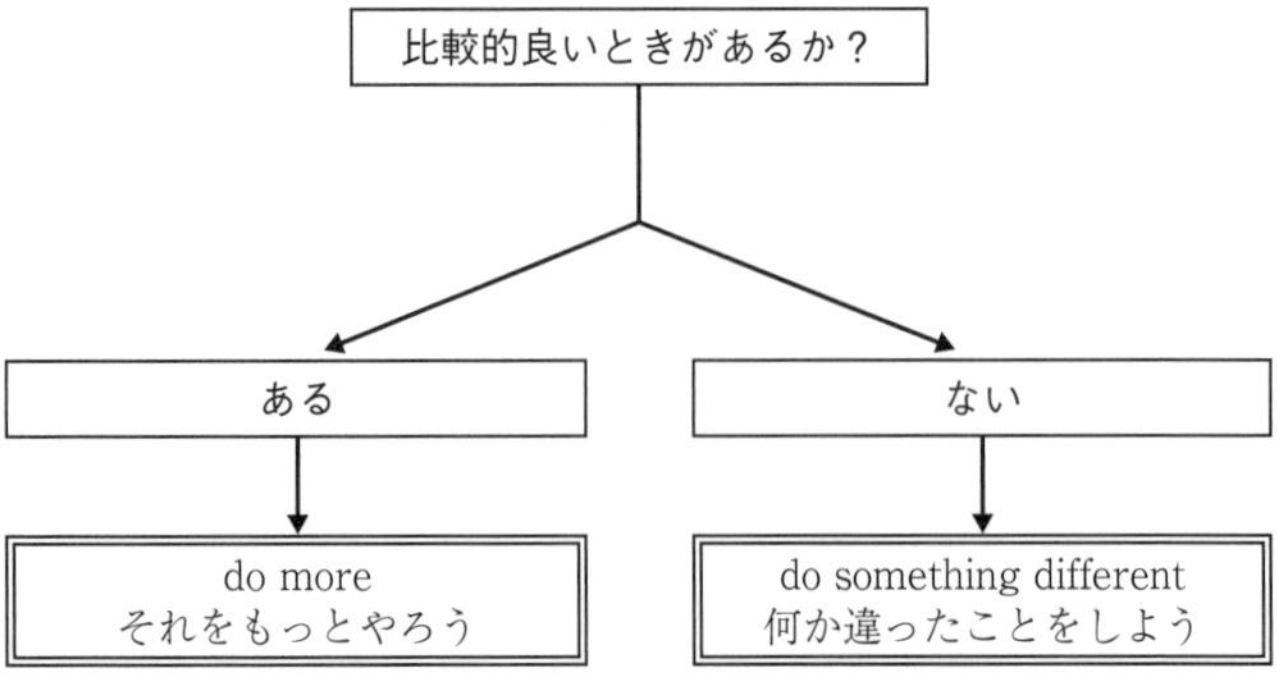
比較的良いときがあるか？
ある
ない
do more
それをもっとやろう
do something different
何か違ったことをしよう

図2　ソリューション・フォーカスト・アプローチのモデル
（参考として，長谷川・若島，2002）

え方かと言いますと、「比較的良いときは?」という問いに対して、「ある」と答えれば do more、それを続けてくださいと介入し、なければ、あるいは、探すことができなければ do something different、何か違うことをしなさい、と介入します。これがモデルになります（図2）。

このモデルにおいて最も重要なのは、問題が起こっているなかでも比較的良いときや問題となっている行動や事象が起こっていないときというのを想定していることです。このようなときを〝例外（exception）〟と呼びます。〝例外〟とは「問題がないとき」あるいは「比較的良かったとき」「問題は発生したが一大事にならず収束していったとき」などを意味します。端的に言えばソリューション・フォーカスト・アプローチでは〝例外＝解決〟、つまり、問題が起きていないそのときこそが解決であると考えて、その拡張を目指していくということです。このような姿勢は「もし主訴に〝例外〟があり、その〝例外〟はある条件のもとに生じていたら、その条件を治療にもちこめ」というド・シェイザー（de Shazer, S., 1988）の言葉のなかに現れています。

2・2 MRIアプローチとは

注目していただきたいのは例外が見つからなかった場合、モデル上で言うと「ない」→「do something different」と書いてあるところになりますが、これがMRIの家族療法の基本的な考え方になります。比較的良いときがない、問題が常に存続している場合には「何か違ったことをしなさい」と介入していきます。MRIモデルでは、問題に対する解決努力が悪循環を生みだしていると考えて、悪循環を切るためにこれまでの解決努力とは違ったやり方で関わっていくことを推進することが介入になります。つまり図2における do something different に関わる部分はMRIの考え方と類似のものと言えます。

問題に対する解決努力が上手くいっていないから結果的に悪循環になると見立てるMRI

表1　MRIアプローチの介入技法

介入技法	定義
行動処方	偽解決行動を阻止することを目的として，セラピストが具体的な行動の指針をクライアントに示すこと。
リフレーミング	物事の枠組みを変えてしまうことで，全体としての意味づけを変えてしまう技法。

モデルでは、悪循環の切り方、つまり do something different の作り方に関して、単純に言うと二つの方法を用います（表1）。一つは行動処方です。「こういう行動をとってください」といった具合に、具体的な行動の指針を示してそのようにしてくださいと、対処行動の処方箋を出すことがこれにあたります。もう一つはリフレーミングです。問題の見方を変えてしまう、または、そのように意味づける技法のことですが、具体例は後ほど紹介します。すごく単純に言ってしまえばこの二つしかありません。これだけだと思うと非常に単純なことのように思いますけれど、実はもっともっとシンプルなものなのではないかと現在の私は思っています。

2・3　do something different を作り出す

例として一つ事例をあげましょう。不登校のお子さんのケースです。

ちなみに、私が紹介する事例というのは、現在振り返ってみて私自身気に入る事例が多くはありません。なぜならばもっとシンプルにやれたのではないかと思うからです。だから面白いところだけをピックアップして報告します。

娘さんの不登校に関する問題でスクールカウンセラーからの紹介を受けてご両親が来談した事例です。心理学の用語を使って娘さんを説明するなら、退行している感じの幼い印象を受ける子どもさんでした。お母さんにすごく甘えていて、具体的にはお母さんと一緒に寝たりする、そういう中学生の娘さんでした。ご両親が来談し、しばらく話しているうちにまず気がついたことと言えば、お母さんの力が非常に強いということ。どういう感じかというと、面接中にものすごくしゃべる。お父さんには話す隙も与えないほどに。そうして話を聞いていくうちに、娘さんへの問題解決努力はお母さんが中心となり、お母さんの考えに基づいて行われていることがわかりました。このような問題と解決努力のパターンが悪循環であることが考えられ、悪循環を切るためにdo something differentを導入する方法の一つとして、お父さんが考えているような行動パターンを導入するということを思いついたので、私はお父さんからの話が聞きたいと思いました。

そこで私はお父さんに話を振っていきました。そうするとすぐに発言権をお母さんに取られてしまう。「あれ?」と思っていると面接室の電話のベルが鳴りました。当時、東北大学ではチームを組んでライヴ・スーパーヴィジョンの形式を採って面接をしていました。こういう形式はまれです。面接を観察しているチームのメンバーで電話をかけてきたのは当時私の後輩で、現在、山形大学で教壇に立つ佐藤宏平先生でした。その佐藤先生が「お父さんに話をさせてください」と電話口で言いました。電話を受けていたときの私の気持ちは「コノヤロー!!」です（笑）。「自分が一番わかっているよ！」とも思いました。私としては「お父さんに話させるにはどうしたら良いのか」という情報が欲しかったのです。なかなか噛み合わないものです。内心では「宏平コノヤロー！」と思っていましたが、面接室では顔には出さずニコニコした表情を作ります。この「コノヤロー!!」という気持ちが少しでも伝わればと思い、ゆっくりと、かつ、力強く受話器を置き、気を取り直してまたお父さんに話を振りました。

そうしたら今度は、お父さんが言ったことをお母さんが評論しはじめるのです。「まぁ、なかなか良いこと言っているわね」というように。「それは事情を知らない人がよく言いそうなことだ」というようなことも言っていたと思います。細かな内容はどうであれ、発言権を奪うことと評論をすることは上下関係を規定するうえで有効な方法です。この場合ですと、お父さんが下がってお母さんが上がるかたちになります。

皆様も見たことがあると思いますが、『サンデープロジェクト』で田原総一郎さんが政治家の話を聞きながら、「それはこうでしょう」って評論をしていますよね。こういうやりとりによって田原総一郎さんのほうが段々偉くなっていくわけです。そして政治家のほうは下がっていく。「あなたが総理大臣になったら良いじゃないか！」なんて思うこともあるのですが、同様のことがそのとき目の前でも起こっていたということです。少しだけ横道にそれますが、コンプリメントを行う際にも同様のことに注意しなければなりません。「それは素晴らしいですね」というようにセラピストがクライアントの行いに対して評価的になれば、セラピストが上がってクライアントが下がってしまう可能性がある。ここはとても気をつけなければいけないところです。

話を事例に戻します。この事例で私たちは次のようなことを実行しました。それは先ほど述べたリフレーミングです。お父さんの発話が欲しい、お父さんのパワーを家族のなかで相対的にアップしたいという思いからこのようなリフレーミングを用いました。「奥さんはとてもよく話してくださって、娘さんのことを考えてくださっている。たいへん素晴らしいですね。ただ一方で、そうやってよく話してくださっていることは、旦那さんに対してさみしさを伝えているようにも見えます」という論旨のものです。するとお母さんは「そうかもしれません」と話しはじめます。私は続けざまにこのようにも言いました。「もし奥さんがさみしさを伝えているのだとすると、旦那さんはどのようにそれに応えることができますか?」と今度はお父さんに向けて話したのです。そうするとお父さんがこの質問に答えて、その間お母さんはそれを黙って聞いたのです。

こうした一連の介入は、リフレーミングでもあり治療的ダブルバインドと見ることもできます。先ほども申しましたように、ダブルバインドは統合失調症の家族研究では死にました。しかしながら、セラピーの技術では今なお生き続けています。今のやりとりがどのような仕組みになっているのかと言いますと、お母さんは「旦那さんに対してさみしさを伝えているようにも見えます」という問いに対して「そうかもしれない」と答えました。私の問いに同意したうえで、それでもなお、お母さんが話し続けたとしたらそれはどのような意味を構成するのかを考えてみてください。お母さんがしゃべり続けること、それはすなわち、お父さんに向けて「さみしいよー、さみしいよー」というメッセージを発信し続けているという意味になります。「さみしい」と甘えてお父さんに頼ることによって、お母さんがお父さんの上位に立つことはたいへん難しい。むしろお母さんのお父さんに対する相対的な力は下がります。他方、もしお母さんがしゃべらないでその代わりにお父さんがしゃべりだせば、こちら側がお父さんの力を使うことができる。つまり、当初のもくろみどおりにことを動かすことができる。こういう仕組みになっているのです。

2・4　二重記述モデルについて

皆様にお伝えしたいことは、非常にシンプルなことです。例えばブリーフセラピーを学ぼうとすると、『精神の生態学』（Bateson, G., 1972）を読んだり『人間コミュニケーションの語用論』（Watzlawick, P. et al., 1967）を読んだりして、その難解さに次々と撃沈していきます。そんなことは必要ないと思うのです。もちろん勉強する人は読んだら良いとも思います。どういうことかというと、知識を増やしたい人は読んだら良いと思っているということです。気をつけなければいけないのは、知識を得ることとクライアントを援助することとは必ずしも同じではないということです。たくさんの知識があると、クライアントの役に立たなかったときにさまざまな言い訳ができてしまいます。何らかの知識をどこからか取ってくれば、自分の失敗を肯定的に説明できてしまうものです。しかし、それはクライアントには必要のない、セラピスト自身の問題なのではないでしょうか。

私はクライアントを援助するということをよりシンプルに考え、理解してもらうために「二

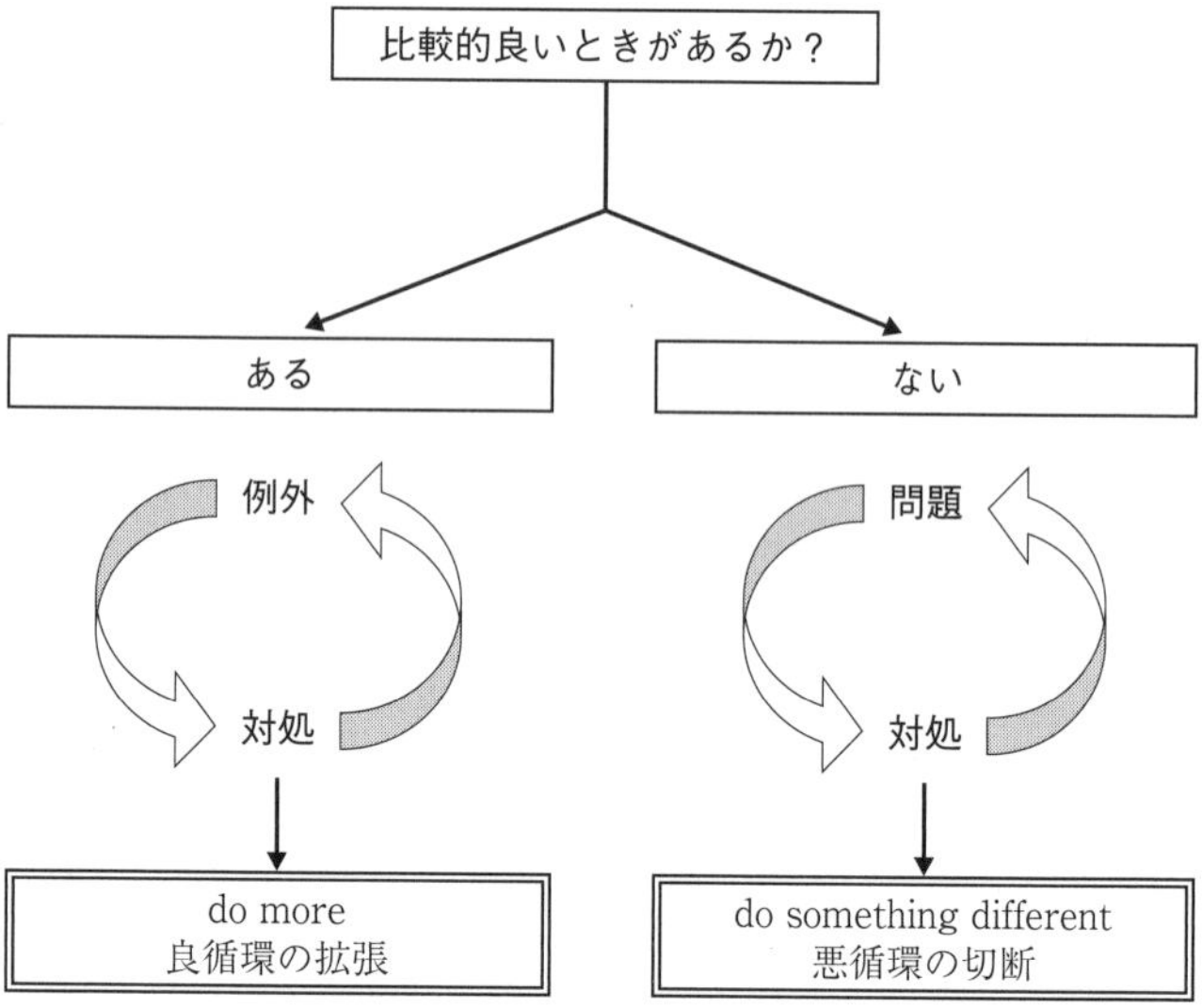

図３　「問題ー偽解決パターン」と「例外のパターン」から見る二重記述モデル（長谷川・若島（2002）を参考に作成）

刀流から新陰流へ」という標語を掲げています。この言葉が何を意味しているかという問題に取り掛かる前に、そのための準備として私たちがこれまでに採用してきたモデルを説明します。

図3に示すモデルは、図2をより詳細に記述したものとして見てください。まず「比較的良いときがあるか」をたずね、それがなければ問題についてより詳しく訊いていく。具体的には、問題に対してどういう解決努力をしているのかを関心事とするということです。問題を解決できていない解決努力

（偽解決行動）が問題を維持してしまっていると捉え、これら一連の流れを悪循環と見なしてdo something different介入をするということになります。元来のソリューション・フォーカスト・モデルには悪循環という見立てはありません。しかし、私たちはMRIの考え方も同時に参照することができますし、実際に利用しています。私たちはMRIモデルが採用している「問題－偽解決のパターン」からの見立てと、ソリューション・フォーカスト・モデルが採用している「例外のパターン」からの見立ての双方を採用するモデルを二重記述モデル（Double Description Model）と呼んで長らく使ってきました。この二重記述モデルが、先の標語における二刀流に該当します。ここではMRIアプローチとソリューション・フォーカスト・アプローチの二重記述について説明しましたが、二重記述というのは何もここで示したものに限られるわけではありません。

2・5　さまざまな二重記述

例えを用いて、さまざまな二重記述について説明しましょう。お昼のワイドショーのあるコーナーで「チワワが夫に唸り、攻撃するので困っています」という悩みを抱えた奥さんを紹介していました。その奥さんはこう訴えます。「子どもを産みに実家に帰る間にチワワを近所の家に預けていて、子どもを産み終えて家に戻してからチワワが夫に唸り攻撃するようになった」というふうに説明します。つまり、このクライアントが訴えていることは、チワワが夫に攻撃するようになったのは、新しい子どもができて嫉妬の対象ができたことや、孤独であったこととか、そうしたことを暗に原因と考えているわけです。そう考えるならば、このチワワは可哀想な存在になりますよね。しかし、こういった問題が生じたとき、もしも犬の訓練士がアドバイスをするとなれば次のように言うでしょう。「唸ったらひっぱたいてください」。可哀想じゃありませんか？　このクライアントのストーリーにおいて、チワワは一身に受けていた飼い主からの愛情を奪われた可哀想な存在なのです。それなのに「チワワは旦那さんのほうからひっぱたいてください」と言うならば、それは入らない介入ですよね。実行さえできればとても効果が望める介入であるにもかかわらず、このようなアドバイスを受けてもおそらくこの奥さんや旦那さんは実行に移さない。そういうケースです。こういうときにどういうパターンが見られるかというと、おそらくこのチワワは可哀想な状況であると奥さんが考えていることを旦那さんは知っているので、旦那さんは一歩引いて余計なことをしないようにしていると思うのです。この二人と一匹のパターンを描くと図4のようになります。

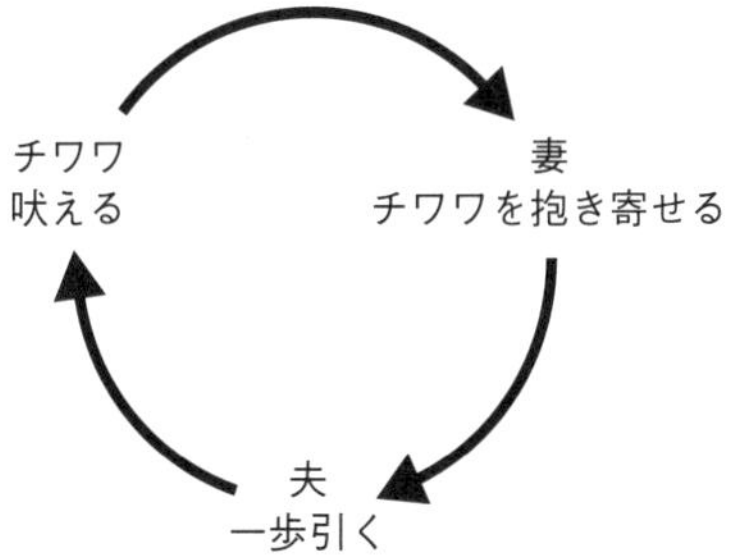

図４　当事例における悪循環

この悪循環を切れば良いんです。悪循環の切り方は do something different、何かこれまでと違ったことをするということです。しかし、これまでと少しでも違っていれば何でも良いのか、疑問に思いませんか？　ＭＲＩモデルのなかには do something different に関する明確な指標はありません。つまり、とにもかくにも今やっていることをストップすれば良い、という考え方です。このような指標はソリューション・フォーカスト・モデルのほうにもありません。そして、ド・シェイザーも何を do something different すれば良いかについて言及していないのです。そうなると、ソリューション・フォーカスト・アプローチからは、どこをどのように変えても良い、ということになりますので、こうした視点を援用したところで判断のための指標にはなりにくいでしょう。何かこれまでと違ったことをする例として、皆様、何か思いつくことはありますすか？　例えば、夫が唸る、というのはどうでしょうか。また、妻が夫に頭突きをする、というようなものはどうでしょうか。このように、どんなことでも良いはずです。……ダメですかね？

2・6　なぜ二重に記述をするのか

先ほどの私の問いに「ダメ！」と答えられる人は、意識的にせよ無意識的にせよ何か基準をもって判断しているはずです。「良い」とか「悪い」という判断がなされるということは、その論拠となる指標があるということです。でも、どのような指標によって判断すれば良いのかということがこれまで説明されてこなかったのです。さまざまな視点から二重記述を行うことが役立つのはこういうときで、つまり、何かしらの指標を作るために二重記述をします。

要するに他のモデルの視点からも考えてみて、何かしらの基準を導入するということです。例えば、ミニューチンの構造的なアプローチでも良いです。このモデルに則って捉えるために、チワワを子どもとして見てみると、父－母が一本線（基準となる結びつき）で、母－チワワが二重線（相対的に結びつきが強い）で、父－チワワが点線（相対的に結びつきが弱い）（図5）。つまり世代間境界線が破られた状態になっていることがわかります。母とチワワの連合になっ

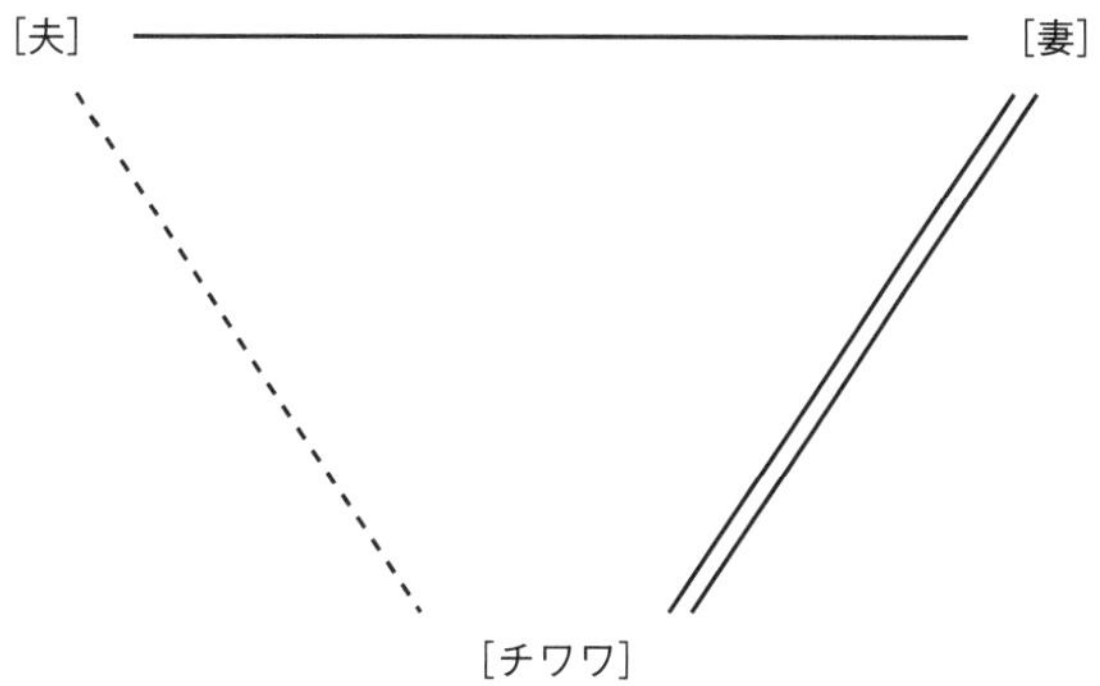

図５　構造モデルから見た当該事例（介入前）

ていて、父は外れている。このように見ることができるのです。

このように他の指標、モデルで記述していくといくつかの選択肢間に正誤を判断するための基準を導入することができます。夫が妻に頭突きをするという介入は、確かに do something different、これまでと違ったことをすることにはなるのですが、この介入を実行しても夫婦の線が点線になるだけですから構造はあまり変わらない、つまり世代間境界線が破られたまま、という見方ができます。

では構造はどのようにすれば変わるのか？　私はクライアントに do something different を導入するときの態度としては次のような態度が良いと思います。「奥さんは笑顔で良いですよ。『こっちにおいでー』って、最高ですよ！　ただ、一点だけ変えて

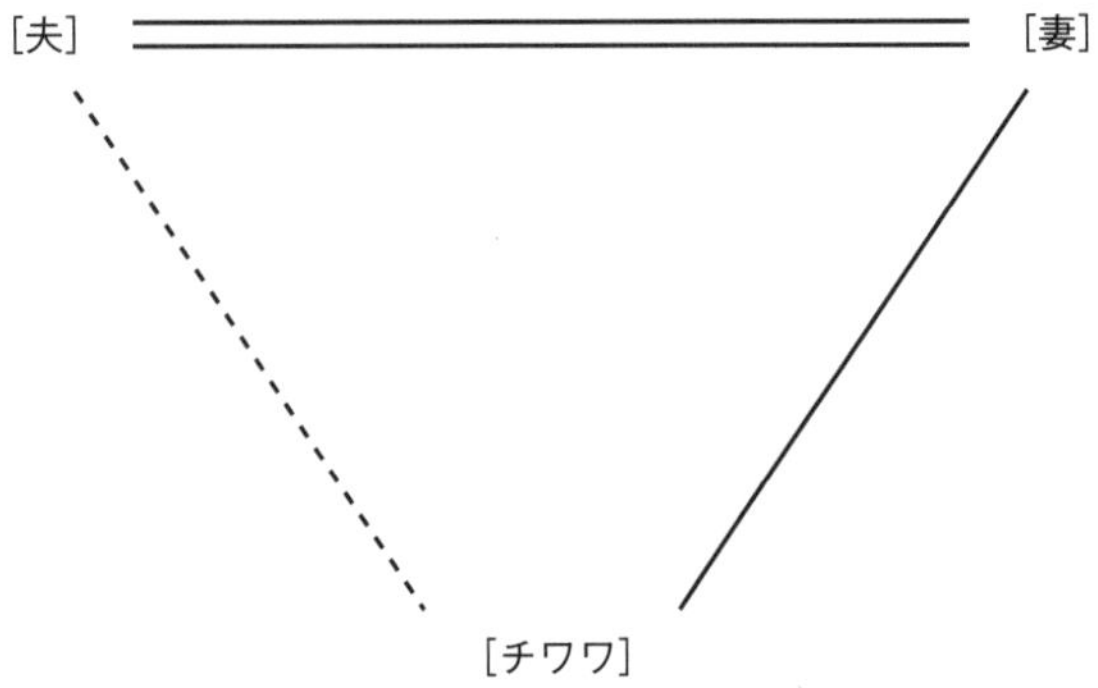

図6　構造モデルから見た当該事例（介入後）

ほしいんです。それをチワワのほうを見てやるのではなく、旦那さんのほうを向いてやってみてくださいい」と。つまりチワワが唸って夫を攻撃してきたら、「こっちにおいでー」って夫を抱っこするということです。この介入が実行されれば、チワワは無視されることになります。そうするとクライアントとチワワの結びつきが相対的に弱くなり、夫婦間の結びつきが相対的に強まり、二重線になります（図6）。

クライアントとチワワの結びつきによって築かれた境界線の外に夫が置き去りにされていた構造が、クライアントと夫の結びつきによって、クライアントとチワワの間が境界線のある構造に変化していることに注目してください。このように他のモデルを指標にして do something different に何かしらの基準を導入すると上手くいくことが多々あります。先ほどのモデルですとＭＲＩのモデルとソリューション・フォーカスト・モデルを用いた二重記述ということになりますが、今、説明したのはＭＲＩのモデルと家族構造モデルの二重記述です。このように二重記述モデルはさまざまなモデルの組み合わせによって実現可能です。私たちは事例を担当するにあたってこのようなことを考えて取り組んできました。そして、このような取り組み方は実際にかなり上手くいきます。

コラム

関係を作ることを拒否している子どもの事例

――「その布団、被ったままでもいいよ」

平泉　拓

小学六年生男子の事例です。ＩＰ（Identified Patient――家族内の問題を負って来談した人を指す）は、小学校三年生から不登校が続き、塾に通いながら家で毎日を過ごしていました。あるとき、そんなＩＰを心配している母親から電話があり、私が関わっている（特）ＭＣＲ家族支援センターから〝こころの家庭教師（メンタルフレンド）〟が派遣されることになりました。

ＩＰの家に派遣されたこころの家庭教師は新入りのメンバーでした。彼は緊張しながらＩＰの家に初訪問します。しかし、運悪く、その日のＩＰは精神的に調子を崩してしまい、ＩＰは布団にくるまったまま全くベッドから出てこようとしませんでした。そして、その様子を見かねた母親は、ＩＰを諭すように、こう声をかけます。「先生が来たわよ。起きなさい」。ところがＩＰは全く反応しません。母親とＩＰは、次のような悪循環を繰り返していました。

母親 起きなさい、先生来てるでしょ。
ＩＰ （黙る）
母親 起きなさい、先生来てるでしょ。

そしてその場は気まずい雰囲気になってしまいました。ちなみに後日語られたところでは、ＩＰは深夜までネットゲームをしており、そのことで親子喧嘩をしてしまい、元気をなくしていたとのことでした。ＩＰは、もしかしたら「家庭教師なんて、どうせお母さんに呼ばれて来てるだけで、お母さんの味方でしょ」と思っていたのかもしれません。

さて、こんな状況のなかで、こころの家庭教師はどうすれば良いのでしょうか？　彼は気まずい雰囲気のなかでこう考えました。「……○○先生だったらどうするかな？　パラドックスを使うかな？　ユーモアを使うかな？　それともリフレーミングかな？　それともやっぱり今日は無理しないで帰ろうかな……」。結局、彼は思い切って意外性のあるパラドックスを用いました。彼はＩＰにこう語りかけます。「その布団、被ったままでもいいよ」。すると効果はすぐに現れました。まず、お母さんはこの意外な発言にきょとんとしています。そして、しばらくしてＩＰは、布団を被ったままではあるものの、ベッドからノソノソと起き上がり、椅子に座ったのです！　さらに、布団を被ったままのＩＰと彼は二人で勉強を始めたのでした。翌週には、途中からＩＰは布団を被るのをやめて、二人はちょっとずつ普通に話すようになり、仲良くなったのでした。ちなみにＩＰはその後、中学に進学し、クラスに通うことができるようにもなりました。

以上のように、ＩＰと初めて出会ったものの関係がとることができないときには、関係を作っていく一つの方法として意外性を表出することが有効かもしれません。それにより相手がイメージしているものとは違う面白さを与え、〝半歩踏み込む〟ことができ（参考として、若島、二〇一〇）、ＩＰとの間に新しいパターンが生まれるのかもしれません。

文　献

若島孔文（二〇一〇）家族療法プロフェッショナル・セミナー．金子書房．

コラム

初学者から見るリフレーミング研究史と太陽の法則

小林 智

本書でも紹介されているリフレーミングという技法は、あのベイトソン（Bateson, G., 1955）をして〝心理療法の成否を左右する程に重要なこと〟と言わしめるほどの重要な技法の一つです。リフレーミングを簡潔に定義するならば「出来事に対してある人（達）が与えている意味づけを変えること」（参考として、長谷川、二〇一一）と表現できます。しかし、リフレーミングとは定義さえわかれば即完璧に実践できるほど単純なものなのでしょうか。

こんなやりとりが頭に浮かびます。何かと「自分はダメな人間だ……」と悲観的になるAさん、それに対し「そんなことないよ、もっと楽観的に考えないと人生損しちゃうよ」と助言する友人のBさん。Bさんが行ったような「こう考えたほうが良いよ」という助言だけで意味づけが簡単に変わってくれるならばそれで良いのですが、事はそれほど単純ではないかもしれません。何かを伝えさえすればその通りに相手がしてくれるということを想定するような信念について、デル（Dell, P.,

1986）はそれを「教授的相互作用の過信」と呼び、このような考えは誤りであると指摘しています。つまり、人に新たな意味づけを獲得させるという ことが「こう考えてください」という単純な方法だけでは難しいのだとすれば、その方法には何かしらの工夫が必要なはずです。

そうした工夫に関するヒントを得ようと、私はリフレーミングに関する実証的研究をレビューしました。しかしながら、それらの研究において「どのようにリフレーミングを行うか」に関する明確な記述はほとんど見られず、研究のテーマとして重要な扱いを受けてはいないようでした。

要領の悪い初学者である私にとって、リフレーミング上達のために実証研究が参照できなかったことは心細いことでした。しかし、幸運なことに私には本書の著者である若島先生を筆頭とした先輩セラピストたちの生の臨床に触れる機会が数多く与えられました。人が与える意味づけとは、その人が生きている現実全体のなかに位置づけられているもので、その一部だけを挿げ替えようとすれば全体に破綻が生じてしまいます。本書に示される太陽の法則によってこれまで埋もれてきた現実の輝く側面を照らしだすことで、新たな肯定的な意味づけはその人の現実に無理なくフィットするようになるのではないか。そう考えられるようになったのです。太陽の法則は〝どのようにすれば上手くいくのか〟という問題に正面から答えてくれており、セラピストが進む道も明るく照らし続けてくれることでしょう。

文献

Bateson, G. (1955) A theory of play and fantasy : A report on theoretical aspects of the project for study of the role of paradoxes on abstraction in communication. Approaches to the Study of Human Personality 2 ; 39-51.

Dell, P.F. (1986) Why do we still call them "paradoxes"? Family Process 25 ; 223-234.

長谷川啓三（二〇一一）基本技法——その三種と訓練の考え方．現代のエスプリ 五二三 リフレーミング——その理論と実際．四一－五三頁．

第3章　二刀流から新陰流へ

しかしながら、現在の私は〝二重記述モデルから新しいモデルへ〟ということを考えています。先ほど説明したような考え方はあまり必要ないと今では思っています。それを表すための言葉が、第2章でもお示しした〝二刀流から新陰流へ〟というものです。新陰流において重要なことは何かというと、〝真っ直ぐ斬ること〟なんです。話は非常にシンプルです。相手が斬りかかってきたら、自分は相手に真っ直ぐ斬りかかれば良いのです。相手の太刀筋が少しでも歪んでいたら、自分の刀が相手より先に到達し、曲がった太刀筋は自分から逸れていく、こういう考え方です。もちろん、面接でクライアントが斬りかかってくることはまずないですし、もしあったとしてもこちらが斬りかえすことはしないでしょう。剣術における新陰流の理念、つまり、〝真っ直ぐな太刀筋〟というものを心理療法での考え方に翻訳するとどのような考えが導けるか、今からそのことについてお話しします。

3・1　心理療法としての新陰流

〝柳生新陰流の剣の理は活人剣である。相手を自由に働かせて、その働きにしたがって勝つ剣である。それは相手構わず一方的に斬る剣ではない。自分と相手の関係に目を付けて、その関係を斬相として捉えることから始まる。斬るのではない、共に斬り合うことによって勝つのである。また、自分が斬るのは相手ではない。自分の人中路（自分の中心線）を斬り徹すのである。それがたとえば一刀両段（自分と相手の中心線を重ねて共に斬り徹す）であり、それはあくまでも一刀両断（相手を真っ二つにする）ではないのだ。〟（清水、一九九六、六頁）

「短期療法を学ぶ会」を立ち上げ、ド・シェイザーを最初に招聘した学会を開くにあたり中心的な役割を担われていた小野直広先生から、私はたくさんの影響を受けております。小野先生の考え方とここで言う新陰流は近いのではないかと私は感じているのですが、残念ながら小野先生はもうお亡くなりになっているのでわかりません。ご存命であれば「全然違うよ」と言われてしまうかもしれませんが、何にせよ私は先生のお考えと非常に近いのではないかと考えています。

そのような考え方の内で重要なもののまず一つ目は、〝現実は多面的である〟ということです。これは構成主義と呼ばれる立場の考え方で、小野直広先生もド・シェイザーもこのような考えをもっていました（de Shazer, S., 1991／参考として、小野、一九九五）。ド・シェイザーは〝問題は多面的である〟という表現を用いていましたが、私はこれを〝現実は多面的である〟と言い換えることにしました。問題や解決、人間の存在といったものは、すべて〝現実〟のなかに含まれていますので、構成主義の考え方を無意味に限定しないためにはこのような表現が最適ではないかと考えたからです。そして二つ目は、〝例外という概念の拡張〟です。現在までの理解では、例外を「もともと問題がないとき」「問題が収束していくとき」「問題が比較的悪くないとき」という意味で捉えてきました。こうした理解ではなく、より広い視野から〝例外〟を捉え直すことが重要だと考えます。そういう意味では例外という言葉ではなく、輝く側面とでも名づけたほうが良いのかもしれません。

3・2　なぜ新たなアプローチが求められるのか

こうした新陰流の理念は、ソリューション・フォーカスト・アプローチにおける想定を基にしています。それというのも、ソリューション・フォーカスト・アプローチというのは根本において非常に優れた方法だからです。その力強さを端的に示していると思われる素晴らしい実践をご紹介しましょう。

【事例1】

ある小学校のクラスでいざこざがありました。小学校五年生の女子児童が中休みにスクールカウンセラーのもとに来談しました。以前から、クラスのある男子と仲が悪く、毎日けんかをしていました。この日は、一時間目の運動会の練習時に見学をしていたとき、この女子児童が他の女子児童と雑談をしていたため、それをその男子児童が厳しく注意しました。女子児童の言い分としては、「確かにいけないことだが、A君だって他の児童と話していたし、ふざけていたし、その言い方がむかつく。別にA君に直接、迷惑がかからないのだから、そこまで言われる筋合いはない」とのことでした。女子児童はその男子児童について「あの性格を直してほしい。そして私たち女子の邪魔をしないでほしい」と訴えました。スクールカウンセラーは「なるほどなぁ。まぁ、君らの言うことはとてもよくわかるよ。たださ、先生（スクールカウンセラー）が彼の性格を直すのは難しいな。お互いに迷惑がかからないように、邪魔しない方法を考えようか⁈」。女子児童は「カウンセラーって、こころの仕事しているんでしょ。だったら性格を直すくらいできるでしょ!!」。スクールカウンセラーは「わかった。何とかできないか考えてみるよ。ところでさ、そのためにはもっと情報が欲しいんだけれど、A君の良い部分って全然ないかな⁈」とその女子児童に語りかけました。すると「うん、ない!!」「ほんとにほんと？　本当に全然ない？　いつも怒っている極悪非道な男なの⁈」「いや、そこまでじゃなくて、ニコニコしているときもあるよ！」「そうか、そんな機嫌の良い日は、最近あった？」「おととい！」「そっか！　そのときはどんな様子だったの⁈」「うん、ニコニコしていて、私たちの嫌がることを言うこともなくて、私たちと一緒に話してた」「そっか、他にやさしくしてもらったときはないかな⁈」「音楽の時間、教科書忘れたときに隣に座っていて見せてもらったことがあるよ！」「そうかそうか、君はちゃんと相手の良いところにも気づいているなんてすごいね。すごいよ!!　立派だ!!　で、ちょっと、お願いがあるんだけれど、いいかな⁈」「うん」

「ちょっと難しいお願いだよ。これはいつも先生が大人の人にお願いすることなんだよ。だから小学生には難しいけれど、君や君の友だちならばお願いできそうだ。しっかりしているし、大人だし、このくらいできそうだと思うんだよね」「えっ、大人なわけないじゃん!! 小学生だよ!!」「いや、これだけしっかりしていればもう立派な大人だよ。でさ、A君の良いところを観察してきて、僕でもいいし、担任の先生でもいいから報告してくれないかな。でも、これはと～っても難しいよ。良いところってなかなか見つけ難いものなんだよ。だから見つからなくても構わないからね。いいかな??」「うん」「何でこんなお願いをするかというとね、例えば自分が一番お気に入りの服を想像してみて。それにしょうゆのしみが丸くついていたらどうかな。着たい?」「ううん、やだ! もう着ない!!」「そうだよね。着たくないよね。僕らは、どうしても気に入らない部分に目が向いてしまうんだよ。洋服の全体と比べたら本当に少しなんだよ。でも、ついついそこに目が向いてしまう。人に対してもそう。どうしてもむかつくところばかり気になってしまって、良い部分がたくさんあるのに見えなくなってしまうんだ。だから、わざと良い部分を見てきてもらいたいんだ。洋服でいえばしょうゆのかかってないきれいな部分の……例えば花の模様をじっくり見るようなもの。服なら取り替えたり捨てたりできるけれど、人のこころはそんなことできないからね。ちょっと難しいことを語っちゃったけれど、わかったかな？　まぁ、君たちならだいたいはわかるよね」「うん、なんとなく」「そっか、じゃあ報告を楽しみに待ってるからね」。そして昼休み。「先生、良いところ見つかったよ!!」「おっ、すごいなぁ。はやい！」「うん、えっと給食のときに、A君が給食当番だったんだけれど、私が好きなスープだったから順番待ちながら『あ、私これ好き』って友だちと話してたら、スープたくさん入れてくれた！」「おお!!」「あと、休み時間に教室のなかで動いてて、こうなったとき（両手をクロスさせてすれ違いのジェスチャー）に、いつもは通せんぼしたり、わざとぶつかってきたりするのに、向こうがどいてくれた」「へぇ～、すごいね。こんなにはやく二つも見つかるなんて!!　150点あげちゃう。スープ多く入れてくれたときはありがとうって言ったかな??」「言ってない……」「そっか、まあ教室に帰ったら『スープありがとうね。おいしかったよ』って言えたら200点だね。また、来週も相談室に来て教えてね。ただ、別に誰の性格が変わったわけでもないから、時々こころの服についたしょうゆのしみが気になるときがあると思うけど。それ以上にきれいな部分があることを忘れないでね」（事例提供——吉田克彦／若島・生田、二〇〇五、一三六－一四〇頁）

私は多くの事例を知るなかでも、吉田先生のこの事例はたいへん素晴らしいケースであると思っています。この事例では男子児童に対する不満を訴える女子児童に、例外を探すという課題を巧みな技術を駆使して導入しています。巧みな技術というのは、この女子児童を特別な小学生として高く評価していること、吉田先生の柔軟で状況対応型の可変的なコミュニケーション、そしてパラドクシカルな介入、メタファーの使用などです。この【事例1】ではソリューション・フォーカスト・アプローチが上手く行われています。なぜならば、「例外探し」が上手くできているからです。しかしながら一方で、このソリューション・フォーカスト・アプローチには大別すると三つの壁があります。すでにソリューション・フォーカスト・アプローチを実践されている方がいらっしゃると思いますが、そのような方でもたびたび直面することがあるであろう壁です。

一つ目は、例外が探せない。あるいは、例外を見つけられたけれども例外としてクライアントと共有できないということです。二つ目は、例外は見つかっても拡張が上手くいかない。三つ目は、例外を探せなくて do something different を取り入れようとしても、何をどのように導入するのか考えるのが難しい。これは、どういう介入をすれば良いのかを考えるのが難しいという事態に代表されます。以上挙げてきましたが、つまるところこの三つをクリアする新たなモデルがあれば、ソリューション・フォーカスト・アプローチよりも解決の構築が上手くいくと考えられます。それらの壁を乗り越えるために、現実を多面的に捉え、例外概念をより広い視野から捉えていくのが有効ではないかと考えました。

3・3　多面的な現実

事象というものには本来、純粋に肯定的な意味も否定的な意味も存在せず、人々がそれをどのように評価し、記号化する（言葉をおく）のかという問題があるに過ぎません。つまり、「現実が多様である」という前述の視点を採るならば、問題や否定的に見られている事象自体も、切り取り方を変更し、異なる記号をおくことで、肯定的な意味を見出すことが可能だということです。

ド・シェイザーは「問題は多面体である」と説明しました。現実というのは「人と人との言葉を媒介とした相互作用により構成される」とするのが社会構成主義の視点です。ここでは現実はその事象や行動そのものではなく、その事象や行動のどの部分をどのように切り取り、その切り取られたものにどのような言葉（記号）をおくかということにより構成されているという視点を採用したいと思います。これはナラティヴ・アプローチが採用する視点でもありますが、このような視点から見れば私たちの現実は多面性をもったものであると言えます。それゆえ、私たちの現実に含まれている人も問題も多面的であると言うことができるのです。このように、問題や人間を含む現実を多面的な存在として捉えることで「例外探し」の壁は消失してしまうのです。

【事例2】

ここで、一つの事例を紹介します。これは、とある場所でたいへん問題になっている中学生の事例です。そうとうひどい非行が見られる生徒に関する問題で、その生徒が学校に来ると他の非行少年たちも同調して荒れてしまいます。そのような調子なので、その生徒に対して学校の先生は来てほしくないという気持ちもないことはないだろうと思うのですが、それは人権問題にもなりますのでそういう訳にもいきません。ですので、生徒が来たときには別室登校という方法で対処しています。「別室ではなくて普通の教室に入れたほうが良いのではないか」という考えもありますが、この事例に限ってはそう思うのは少々外れていると言えるでしょう。なぜならば、そんなことができるようなレベルの生徒ではないからです。守秘義務にも関わることなのでこれ以上は言えないですが、それだけ難しい少年だということを念頭において聞いていただければと思います。
少年には別室を用意し、その時間に手の空いている先生がその別室を担当することになっています。用意された別室というのは四階にありまして、階段を上っていかなければならない場所です。その日に担当になった先生というのが、定年を目前に控えられている比較的ご年配の先生で、そういった人にとっては四階まで階段を上るというのはなかなか骨の折れることです。その先生が足早に階段を上っていく少年に向けて「もうちょっとゆっくり行こうよ」と、息も絶え絶えになりながら言ったそうです。そうしたらその少年は、自身の背中のベルトを指さしながらその先生に対して次のように返したそうです。「先生、ここにつかまっていいよ」と。

この先生の話から、この少年は手に負えない程の不良少年であるという一方で、このように人を思いやれる優しさをもった少年でもあることがその先生と私の間で理解されました。この事例を通じて私が何を伝えたかったのかというと、この少年は誰かが変えたのではありません。最初からそういう少年だったのだということです。しかし、そうした側面を引っぱり出すことができないでいるから、「この少年は悪い奴だ」となり、何か良いところないですかと訊いても悪いところしか出てこない。実際にはその少年が輝く側面をもっていたとしても。〝現実は多面的である〟とはこういうことです。問題や人間などにはさまざまな側面が最初からあるということを意味しています。

この非行少年のケースでもそうですが、人間には「キレやすい」というような悪い面も色々あるでしょう。悪循環とは、ある意味ではそのような側面を前面に押し出すようなコミュニケーションによる拘束の連続であると言えるでしょう。しかし、この少年が「先生、ここにつかまっていいよ」と言ったとき、この先生がこの少年のそのような側面に気づき「お前良い奴だな」と言って、「わかってる、わかってる、君は優しい良い奴だ」というコミュニケーションの連鎖があれば、彼の思いやりのある輝く側面がピックアップされて、それが引き出されることになります。つまり、これまでとは違う新たな拘束が行われることになります。これが現実を多面的に捉えるということです。

3・4　拡張された例外概念――輝く側面

一時とても話題になった騒音おばさんを覚えているでしょうか。皆様はあの騒音おばさんを改善できると思いますか？　私は絶対できると思います。ただ、正直なところを言えば、あまり近所に引っ越してきてほしくはないですが……（笑）。

本来、〝例外〟とは「問題（症状）がないとき」あるいは「比較的良かったとき」「問題（症状）は発生したがエスカレートせず、収束したとき」などを意味します。しかしながら、私がこの一六年間の臨床で気づいたことは、輝く側面であれば、性格、能力、思考、感情、動機、行動、関係など何でもピックアップしていくことが大切であるということです。

このようなことを念頭においたうえで、当時この騒音おばさんの周囲で何が起きていたのかを考えてみましょう。この人はきっと少し変わった人だったのでしょう。そうすると周囲は回避的・否定的に関わっていくことが多くなる。そうすると騒音おばさんは「あいつらめ」という考えに至るかもしれません。周囲の人間を「あいつら」とみなしてしまえば、騒音おばさんは周囲の目を怖がる必要はありませんから、こうしていくうちに次第にエスカレートしていったのではないかと思います。騒音おばさんもまた多面的な存在なのです。例えば、道端で会ったら「今日のピンクのTシャツ最高に似合ってますよ。オシャレですねー！」と言います。次に会ったときは「あー、騒音おばさん！」と声をかけてみましょう。いや、やっぱり「騒音おばさん」とはさすがに呼ばないほうが良いですね。きちんと名前で呼んでみましょう。このように接していけば「ひっこーし！　ひっこーし！」とはならない。そのような側面は出てきますかね？　おそらくそうはならずに違う側面が出てくるでしょう。このようなことを私たちは拘束（bind）と呼びます。

ここで少し〝拘束条件〟というものについて説明を加えたいと思います。拘束条件とは人の思考、感情、行動に影響する諸条件を意味しています。無限定で自己決定できない状態を自己規定させ自己表現を創造させる諸条件です（参考として、清水、一九九六、五〇－五一頁）。私たちはそれらの諸条件をすべてコミュニケーションとして定義しています。この拘束条件というのは物理的な条件ではなく、私たちの現実を構成する意味世界です。例えば、絵画は単なる紙と絵具によって描かれた何ものかですが、それらはさまざまな意味世界を構成し、その構成された意味世界が私たちの思考や感情や行動に影響を及ぼしています。絵画が私たちに与える影響は物理的なものではないのです。

また、物事の善悪や良い悪いという評価も絶対的なものではなく、意味世界の産物です。柳生新陰流では〝一刀両段〟という考え方があります。これは善悪や巧拙など二見にとらわれてはならないという教えだそうです。しかしながら、意味世界に生きる私たちにとって、善悪や良い悪いという評価、また、因果関係などは生きていくうえでたいへん重要な事柄となっているのです。

先ほどの非行少年に関する事例を思い出してみてください。問題行動が前面に出た少年の行動は、周囲の大人の行動に対する拘束条件を形成しています。そして、周囲の大人はその拘束条件（問題行動を修正しようとすること）によって、否定的なフィードバックをこの少年に与えてしまうのです。周囲の否定的なフィードバックは再び少年の行動に対する拘束条件を形成し、その結果、少年の問題行動は前面に押し出され、膨らみ、この舞台は否定的な現実を構成していくことになるのです。

ここまでにお示ししてきた事例のように、周囲の人々は問題を示す人物を見るときには問題行動の側面ばかりが目についてしまうものです。しかし、人間はたくさんの側面をもっています。もちろん良い側面もあれば悪い側面もあります。私たちにできることはたとえ問題行動を示す人であっても、輝く側面が必ずある、として見る信念をもつことだと思います。つまり、問題があるかないかだけで現実の善し悪しを判断することなく、肯定的な側面を積極的に見出して的確に伝え返していこうとこころがけることが必要とされるのです。こうした信念こそが「太陽の魔術師」になるための第一歩であり、どのようなケースを前にしても八〇点のパフォーマンスができるカウンセラーやコーチになる秘訣です。また、この信念はロジャーズ（Rogers, C.R., 1957）の『セラピーによるパーソナリティ変化の必要にして十分な条件』の「無条件の肯定的関心（unconditional positive regard）」という態度を実現することにもなるのです。

3・5　肯定的な意味世界の社会的構成

騒音おばさんに対する対応にもちょっとした工夫があります。私は「そのピンク似合っていますね、おしゃれですね」と言いました。これはとても重要なことです。最初は服とその人の調和について言及しているだけですが、それを選んだあなたの能力、そこに言及して返してあげることが重要なのです。「おしゃれ」とか「センスが良い」というその人の能力は一見して問題自体とはさほど関係ないように思えますが、肯定的な能力や行動があればそれをその人の内側に見出してあげることで、それが問題の解決に結びつく。これが例外の拡張です。今説明したように、服から入っても構わないということです。しかし、服で終わってはいけません。服を入り口として、「その人が選んだ」ということに着目して、その人の能力や行動に言及して返してあげることが重要なのです。

「ピックアップする」や「伝え返す」という表現を用いいましたが、これらのことがどういうことを意味するかというと、現実を社会的に構成するためにはそのような過程が必要だということです。現実というものが「どの側面をどのように切り取るか」「切り取ったものをどう意味づけるか」に左右されるということを問題にしたのが構成主義です。そして、そこから議論を一歩進めて社会構成主義が問題としたことは、それらの共有です。社会構成主義にとっての現実とは、コミュニケーションを通じて人々が共有していくことによって構成されていくものです。したがって、話されたことをピックアップしたり、こちらが感じたことを伝え返したりすることが、現実を構成していくためには重要であり、面接のなかでは意識的に取り組まなければいけません。

【事例3】

肯定的な意味世界が構成されていく様をもう一つ例示します。こちらも非行の見られる少年の事例です。この子の親は子どもの否定的な側面ばかりを見ています。こう表現するとあまり良い親ではないかのような印象を与えるかもしれませんが、親が子どもをこのように見てしまうことは、仕方ないことですし、もっともでもあります。実際に非行と呼ばれるような行いをしているわけですので、そう見てしまっても全く不思議なことではありません。しかし、あるときこの非行少年がアルバイトをしているところをお母さんが見に行く機会がありました。母親が目にした子どもはアルバイト先の店舗で汗水たらして一生懸命働いていました。アルバイト先まで行ったことに対して「なんだよ、母親きたよ……」という反応が息子から返ってくるとお母さんは思っていたのですが、息子はそうはしませんでした。実際には店長や仲間に「うちの母です」というように紹介しました。

この少年も一緒ですね。汗水たらして誇りをもって仕事をする。そういう側面をもともともっていたのです。そういう側面を親が知らなかっただけなのです。でも、知らなかったらどういうことが起きるのかというと、「ちゃんと学校行きなさい」「あれしなさい」「これするな」「夜遅く帰ってきて何やっていたの」というような否定的なコミュニケーションがたくさん出てくるでしょう。でも別な側面が見えると違ったコミュニケーションが出てくる可能性があります。「あー、よく頑張っているんだね」「あんなにたいへんそうなところでここまで長い間アルバイト続けてるんだ」というメッセージがお母さんから息子に伝えられるかもしれません。

この【事例3】では、飲食店でとても一生懸命に働く息子の姿を、母親は直接目にすることができました。息子の一生懸命で、自信に満ちた姿は、輝く側面です。アルバイトでの努力や店長や仲間に紹介してくれたことをうれしく思ったならば、母親はそれを息子に伝えるだけで良いのです。その結果は息子と母親のコミュニケーションを肯定的なものとし、親子で交わすコミュニケーションによって構成される現実は肯定的なものとなっていくことでしょう。さらに親子で交わすコミュニケーションは少年の行動に対する拘束条件となります。この拘束条件のあり方が、少年の良い側面が前面に出てくるか、悪い側面が前面に出てくるのかを決定づけていきます。だからこそ、変化を促すために、私たちセラピストがクライアントのどのような側面に注目したら良いのか、について熟考することが必要です。

そしてこの母親自身の輝く側面を見出し、フィードバックしていくことがセラピーの成功にとって第一義的に重要であることを忘れてはなりません。息子の輝く側面をセラピストが知ることができたのは、他ならぬこの母親がそれを語ったからです。問題があるなかでも、息子の輝く側面を認めているという母親自身の輝く側面を第一義的にフィードバックすることが成功の鍵です。

3・6　社会的構成としての会話

ここまでで、心理療法においてどのようなことを目指していけば良いのかということについての私の考え方を示しました。こうして目標は定まりましたが、そこに至るまでの手段についていくつかお話しをしておかなければならないでしょう。ソリューション・フォーカスト・アプローチで失敗しがちなのは、特にこの手段に関わることだと思います。

私自身が心理療法を行うなかで抱えた葛藤についてお話しするのが役立つかもしれません。ある事例ではお母さんが子どもの問題で来談されました。お母さんとお話しをしているなかで、子どもの輝く側面がたくさん見えてきました。拡張された例外（輝く側面）をたくさん見つけることができたのです。しかしながら、私はとても悩みました。これから私が言うことは、ブリーフセラピーのどのテキストにも載っていません。だからこそ伝えたいと思うのですが、このような状況で私たちがやってしまいがちなことというのは、子どもの例外、つまり子どもの良いところをピックアップしてしまうことなのです。先ほどまで、良いところをピックアップし伝え返していくことを推奨していましたが、この事例の場合、少なくともその当時の段階でそれを行うことはかなりリスキーでした。輝く側面をピックアップし伝え返していくことで上手く運ぶ事例もあります。おそらく大部分は上手くいくことでしょう。しかし、稀におそらく失敗してしまうこともあるでしょう。

なぜなら、この事例で来談されているお母さんは子どもの良いところ、輝く側面にほとんど気づいていないからです。子どもの良いところをお母さんと共有できていないのに、子どもの良いところを一方的にセラピストが伝えていくとどのようなことが起こってしまうのか。お母さんからすれば、自分の子どもは悪い奴だと必死で訴えているときに、セラピストだけが子どもの良いところをピックアップして、「いや、この子は良い子じゃないですか」と言ってしまうと、母親は自分は子どもの良い部分にも気づけないダメな親だ、と思い家へ帰っていくことになります。こうしたやりとりがどのような事態を生むかというと、自分の子どもの良いところにも気づかないお母さん、という現実を構成してしまう可能性があるわけです。

このような葛藤をより難しくしているのが会話というものの性質です。会話とはその流れのなかでさまざまな話題が次々と出てくるものなので、ピックアップをする際にはその話が出たところで瞬時にしないと上手くいきません。それでは、このようなお母さんを目の前にして、瞬時に良いところを伝え返すにはどのようにすれば上手くいくのか。この事例において疑いようのない事実とは、来談しているわけでもなく会ったこともない子どもの良いところを私が知ることができたのは、他ならぬお母さんがその手掛かりとなることを伝えてくれたからであるということです。したがって、「今、お母さんはそのお子さんにこういう一面があるということを話してくださいました。それにお母さんは気づいていらっしゃるのですね」というように伝えることができれば、この事例の成功率は上がります。つまり、子どもの良いところをピックアップする前に、そういうところをちゃんと知っているお母さん自身の輝く側面をピックアップして返してあげる、そこが重要です。特にクライアントに元気がない、冷静じゃなかったり、抑うつ的になっていたりする事例であればあるほどこのことは重要です。お母さん自身のことについて、拡張された例外（輝く側面）をピックアップして返してあげることが必要なのです。子どもの否定的な側面を語る親に対して「昔はどんなお子さんだったんですか」のように昔のことを聞いたり、お母さん自身を労い、今やっていることを肯定的に返すだけ返しておいて、「キレやすいっていうのは短所ですけど、長所はありますか」というように訊いたりするのも役立つかもしれません。そしたら「長所は、頑固なところです」などと答えるでしょう。そうしたら「そうですか、それに気づいているお母さんはすごいですよ。こんな問題があるときに息子さんの長所を発見して理解することは並大抵ではできませんよ」と返しておいて、「ところで、その長所っていうのは日常生活ではどんなところに見られますか」と続けていけば例外を聞き出すことができます。拡張された例外はこのようにして活用できるのです。

子どもを否定的に見ている親に do more を推し進めていくうえで重要なことがもう一つあります。それはリフレーミングです。先ほどのように訊いても、問題自体しか語らない親の場合、

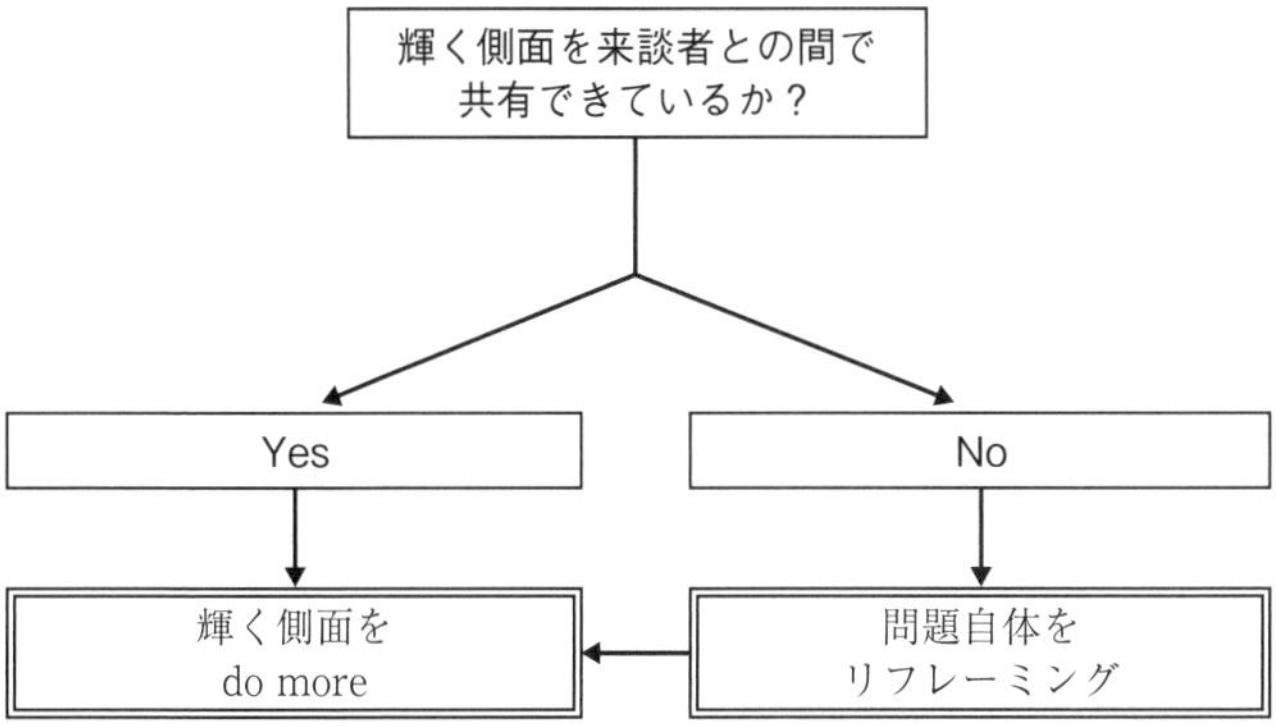

図7　新陰流のモデル

例えば「長所なんかありません」と語る親に対してはどのようにすれば良いのか。そのときには問題自体をリフレーミングすることが必要です。例えば、「息子は私に全然しゃべってくれない。何を考えているのかさっぱりわからない」と語ったときには、息子さんのそのような状態をリフレーミングするのです。「それはそうでしょう、高校一年生の息子さんが何でもべらべらお母さんに話す、それは一般的ではないですよ。このぐらいの時期に、そのようにして親と話さなくなっていく、それは正常に発達している証拠です。決して悪いことではないですよ。お母さん、息子さんに対して、今どんなことやっているんですか?」と、このように返して息子さんの現在の行いを正常な発達の証としてリフレーミングしたうえで親の対応について尋ねます。これに対し親が「いや、あんまり口うるさく言わないようにしています、言ったら機嫌悪くするから」というように現在の対応を語ったとすれば「言わなくしているんですか、お母さん、それは一番良いやり方ですよ。今の時期はお母さんのやっているやり方が最高です」と伝えます。この事例において、口うるさく声をかけるのではなく適度に距離を保つことが例外になっているとすれば、このようにして問題しか語らなくともdo moreを行うことができるのです。

3・7 do something different介入を最小限にする工夫

つまり、やるべきことというのは問題に対してリフレーミングしてdo moreです。本当に大丈夫なのでしょうか、こんな簡単なことで。これについては理論をちゃんと練っておかないとダメですね。私は臨床的なことを言っているのであって、それでいてすごく大きいことを言っています。何を言っているのかというと、do something different介入を最小限にするということです。do something different、つまり、これまでと何か違うことをさせようとはしていない。do moreだけでほとんど上手くいくと言っています。do something differentはＭＲＩ

アプローチで言うところの悪循環を切るためのものとして出発しました。MRIのアプローチでは課題を出したりしますので、それに対する抵抗がなるべく少ないように考えられたのがソリューション・フォーカスト・アプローチです。しかしながら実際には、ソリューション・フォーカスト・アプローチでもdo something different課題を出すことが残ってしまったのです。do something differentをする必要がないとすれば、つまり全部do moreで上手くいくとするならば、どうなるでしょうか。ド・シェイザーが生きていれば、おそらく相当な議論になったと思います。今はド・シェイザーが亡くなってしまったので、ソリューション・フォーカスト・アプローチの後継者のなかでこの件について積極的に議論しようと思う人はいないのではないでしょうか。それというのも、その人たちにそこまでのこだわりがないと私には思われるからです。長谷川啓三先生にもお話ししたところ、同じ意見でした。長谷川先生は「これは重要な問題だ」とおっしゃっていました。つまり、「技術的なことだけではない、何らかの新たなパラダイムで説明しなければならない問題だろう」ということをおっしゃっていたのです。私は先生にこう言いました。「それは難しい課題なので、長谷川先生に任せます。それは教授の仕事です」と（笑）。

ここで言いたいのは、do something differentをやっちゃいけないということではありません。そうではなくて、私が言えるのは、たとえ do something different をやらなくても、今よりも多くのケースが課題を出さずに do more だけで進められるようになります、ということだけです。もう一度申し上げますが、面接をするとき、何でもいいです、動機でも、行動でも、輝く側面をピックアップして do more で進めるのです。

【事例4】

拡張された例外概念に関することについて、もう一つ事例を挙げて例示しましょう。これは、三カ月間不登校になっている少年のケースです。この事例においては少年自身も来談しました。私がこの年担当した事例のなかでは、不登校児童・生徒本人が来たケースは二例目です。たったの二例です。その二例とも、もともと所属していた学校とこれまでとは違う学校という差こそあれ、学校へと戻ることができました。つまり本人が面接に来られるということは、本人に力があるということの証だと思います。今から説明する子は中学三年生で、お父さんとお母さんも一緒に来ました。息子さんに関する話を聞いているうちに六年間も運動部を続けてきたということがわかりました。「六年間もその競技を続けてきたんだね。君にはわからないだろうけど、六年間もレギュラーを務めてきたということは半端じゃないよ。今日はもういいよ」と伝えました。「学校に行くこと自体と関係あるのかわからないけれど、君にはそういう力があるんだ」と少年に伝えて、「〝学校に行くか行かないか〟とか〝どのように取り組むか〟は君に任せる」と言いました。続けてご両親に対して「お父さんお母さん、いいですか、息子さんを学校に行かせたいですよね。でも、お父さんやお母さん、そしてカウンセラーである私も、それどころか誰一人として彼を学校に行かせることは絶対にできません」と説明しました。

本当ですかね、カウンセラーって不登校の子どもを学校に行かせることはできないと思いますか？　できません。絶対にできません。できるって言っている人がいたらインチキですね。なぜなら、彼が自ら学校に行かないことにはだめなのです。彼が足を踏み出して学校に行かないと。彼が足を踏み出さなければ絶対に行かない。だとすれば、話は単純です。彼を学校へと行かせることができるのは彼しかいない。そういうことを両親に説明しました。「彼を学校に行かせることはできません。しかし、私たちにもできることがありますよ」と、私は続けました。「私たちができるのは彼を元気づけることです」と。アントニオ猪木さんのように「元気があれば」と私が言って、隣のサブセラピストに「何でもできる」と言わせました。私たちのモノマネがあまりに完成度の低いものでびっくりされていたので、「親が彼を元気にするアプローチができれば、彼にはもともと力があるのだから、自分の力で色々と試して乗り越えられるかもしれない」と説明しました。この事例も先ほどの話に通じています。「学校に少しでも行けそうだったとき」というのがこれまで理解されていた意味での例外です。しかしそうではなくて、「君が六年間もその競技を続けてきたこと」という拡張された例外概念を「自分ではすごいと思わないかもしれないけれど、端から見ればすごいことだよ」とピックアップしました。この少年は二週間後に次の面接に来ましたが、その間に四日間も学校へ行きました。その動機をさらに輝く側面としてピックアップして伝え返した結果、それほどの前進が見られた、そういう事例でした。

3・8　ロジャーズの『セラピーによるパーソナリティ変化の必要にして十分な条件』について

ロジャーズの『セラピーによるパーソナリティ変化の必要にして十分な条件』(Rogers, C.R., 1957) を皆様はご存知でしょうか? 私は最近、七年ぶりにロジャーズのその論文を読みました。私は七年前には気づきませんでしたが、今、私が皆様にお伝えしたことはそこに書いてあることとほぼ同じだと思います。

私は一六年間家族療法やブリーフセラピーをずっとやっていますけれど、今になってあの論文を読んだら、ロジャーズと考えていることが一緒だということがわかりました。ロジャーズとブリーフセラピーというのは全くかけ離れているような気がしませんか？　あの論文をよく読むとこう書いてあります。「治療的パーソナリティ変化における必要にして十分な条件とは、クライアント中心療法によって満たされることもあるし、他のことによって満たされることもある」と。他のものとは何かと言えば、そこに書かれていたのは精神分析や行動療法などですが、そうしたものによっても良くなるときには、必ず必要十分な条件が作用しているのだと書いてあります。おそらくその通りで、必要十分条件が満たされることが重要なのだということです。変化を導入するための方法にはさまざまなものがあって、クライアント中心療法だけではないということです。ロジャーズのアプローチのなかで代表的なものとして紹介される傾聴も、必要十分条件を満たす一つの手法であると書いています。

ロジャーズは達観しています。そして〝ロジャーズ＝クライアント中心療法〟と考えるのは誤りだと思います。誤りというより、それだけではない、ロジャーズはもっと高度なことを考えていたのでしょう。例えば、「現実は多面体であるから、非行少年にも優しさを見出すことができるに違いない」と意識して話を聴くことは、おそらく肯定的な配慮、肯定的関心が伝わる一つのやり方になっているのです。そのときに失敗しがちなのは、子どもさんの肯定的な面は見ているのだけど、親御さんの肯定的な側面を見ていないということです。先ほど私が説明したことと一緒です。このように、ブリーフセラピーや他のセラピーをやっている方がもう一度その論文を読み直してみると、あれはすごい論文だと気づきます。このようにお話ししたことも、ロジャーズはすでに亡くなっているので確かめようはありません。存命であれば「全く違うよ」と言われてしまうかもしれませんが、同じことを考えているのではないかというのは、私がこの論文を再読したときの率直な感想です。

太陽の法則というのはクライアントを肯定的に（それは問題解決に向けた力を自らもつ存在として）見て、そのすでにそこにある力を引き出す（それを言葉にしてその力が現実のものになるようにセラピストとクライアントの間で社会構成する）セラピーです。ロジャーズは彼のクライアントが経験したことの語りを論文に残しています。

〝……それはちょうど、太陽の光線が、まっ黒な雲をつらぬき、葉のしげみをつらぬいて、込み入った森の道に光の輪をひろげていくような感じでした。［それは］明晰という感じであり、もつれをほぐすことでさえあり、その情景にもうひとつひねりを加えて、物事をきれいに整理するものでした。それからその結果として——いい方向にすすむという感じがして、ゆったりした弛緩の感じがやってきました。これが太陽の光線だったのです……〟

(Kirschenbaum, H. & Henderson, V.L., 1989、伊藤訳、二〇〇一、二七四頁)

私たちが肯定的関心をもつならば、クライアントやＩＰ（問題とみなされている人）の輝く側面を見出すことができるでしょう。そしてその輝く側面を見出したならば、それをクライアントにフィードバックすることが必要です。例えば、それを見て、ほめることや、それに気づきおどろくことが大切です。不登校という問題を例にとれば、学校に行っていなくても良いんです。学校に行こうとすると調子が悪くなる、そういう子どもがいたら、「学校に行こうと思っているからこそ調子が悪くなるんだね」というように、「そういう気持ちをもっておくことが重要なんだよ」とピックアップすることができます。そして、そういう側面をピックアップしたらそれを返してあげる、これが重要なのです。

3・9　普遍的原理としての新陰流モデル

実践というのは、個別的な理論や術（テクニック）により、乗り越えられるものではありません。普遍的原理をもち、それに基づかなくてはならないものです。

〝上泉伊勢守が目指したのは、たとえ相手がどのような刀法できても、常に勝利を掴むことができる普遍的な必殺技の発見であった。そして彼は、自己中心的に考えた刀法、すなわち相手を斬るという考えから出発した刀法（殺人刀）は、必然的に特殊技や個別技になってしまうことを見抜いて、真剣勝負を場所中心的観点から斬合として捉えなおし、そしてその斬合の理を追求することから普遍的な必殺技の原理を発見したと思われる。〟（清水、一九九六、六頁）

術は個別的であるため、術を強調する手法は実践性が必ず欠如します。実践的な追及はそのような意味で精神論となりやすいのです。武道や武術は実践的であるがゆえに、その秘伝は精神論であることが多くなります。では、心理療法において精神論を説いているのは誰か。それはカール・ロジャーズです。彼はセラピストの態度というかたちで、セラピストにあるべき精神論を残しました。そういう意味で彼の心理療法は他の心理療法と比べて、たいへん実践性の高い普遍的原理をもつと私は考えます。クライアント中心療法の失敗はその普遍的原理を具現するものの一つでしかない〝傾聴〟という個別的技法を、あたかも普遍的な術であるかのように広めてしまったことにあります。彼は建設的なパーソナリティ変化が起こるための普遍的条件として以下のことを挙げています（Kirschenbaum, H. & Henderson, V.L., 1989、伊藤訳、二〇〇一、二六七頁）。

（1）二人の人が心理的な接触をもっていること。

（2）第一の人（クライアントと呼ぶことにする）は、不一致（incongruence）の状態にあり、傷つきやすく、不安な状態にあること。

（3）第二の人（セラピストと呼ぶことにする）は、その関係の中で一致しており（congruence）、統合して（integrated）いること。

（4）セラピストは、クライアントに対して肯定的関心（unconditional positive regard）

を経験していること。

（5）セラピストは、クライアントの内的参照フレーム（internal frame of reference）を共感的に理解（empathic understanding）しており、この経験をクライアントに伝えようと努めていること。

（6）セラピストの共感的理解と無条件の肯定的関心が、最低限クライアントに伝わっていること。

また、ロジャーズは以上の普遍的原理を示す個別的術は多様であり得ることを示唆しています。

〝それにもかかわらず私がこのような理論を記述する目的は、建設的なパーソナリティ変化が起こるいかなる状況にも適用される条件を提案するということなのである。それは古典的精神分析の場合でも、あるいは現代における後継者たち、あるいはアドラーのサイコセラピー、その他の場合にも適用されるものなのである。〟(Kirschenbaum, H. & Henderson, V.L., 1989、伊藤訳、二〇〇一、二七九頁)

コラム

思い出し笑い大作戦

吉田克彦

私はユーモアを重視したブリーフセラピーを用いています。ブリーフセラピーでは、面接に誰を呼ぶか、それも大きな戦略となります。しかしながら、面接に来てほしい家族成員（いわばキーパーソン）が、面接に来ることを拒むことも多くあります。そんなときに、私は主に二つの方法を使います。一つは、他の家族成員と面接を続けていく。それでもブリーフセラピーなら充分に面接は進行します。もう一つは、キーパーソンに来てもらうようにユーモアを使うのです。非行の事例を再現しながら、私がよく使う手を紹介しましょう。

これは女子高生（ＩＰ）の非行や異性交遊および不登校の相談で母親が来談した事例です。ＩＰが幼いころに両親が離婚してから、母一人娘一人で生活しています。母親は娘の生活のあり方を心配していますが、それについて言及すると口論になり、娘が家を飛び出してまた朝帰りというパターンが続きました。母親との面接を続けているなかで、改善は見込まれましたが、退学の可能性が高まり、また薬物依存や妊娠といった新たな問題に発展する可能性もありました。幸い週に何度かは食事を一緒に取ることがわかりましたし、「今日学校に行ってきたんでしょ」と母親に訊ねるなどＩＰも学校やカウンセリングのことを気にしているようなので、「思い出し笑い大作戦」を実行しました。

セラピスト　あのぉ、お母さん。一つお願いがあります。女優になったつもりで一つ演技をしてほしいんです。娘さんがいるときに、ちょっと離れたところで、「プッ」って思い出し笑いをしてください。そして、娘さんが「どうしたの?」って訊いたら「あぁ、ごめん。カウンセリングの時のカウンセラーの親父ギャグを思い出してさ。くだらなすぎて」と言ってください。

母親　娘に「どんなこと言ってたの?」って訊かれたら、言っちゃっていいですか?

セラピスト　ダメです。「面接の内容は言ってはいけないことになってるから、ダメよ」と言ってください。もし、しつこく「教えて」と言ってきたら「そんなに知りたいんなら、次回の面接にあなたも一緒に来てもいいわよ」と伝えてください。あんまり無理に誘わずに、来たかったら来ればという雰囲気で、やってみてください。

このようにお願いできると、面接が進展することが多いです。一つは、この作戦が成功してキーパーソン（特にＩＰ）が来談して、介入できるからです。母親が「面接の内容は言ってはいけない」と、娘さんに面接の詳細を伝えなかったことで、娘さんが面接に来ても秘密は守られることを暗示します。また、そんなにうまくキーパーソンが来談してくれるとは限りませんが、その場合でもこの母親が、ＩＰの前で笑うことにより、母娘の相互作用に変化が生まれることも考えられます。つまり、これまでは顔を合わすとプロブレム・トークだったのが、笑うことにより全く違った会話に発展しました。それにより喧嘩をして家出をする機会は減ります。

この作戦を実行するために重要なポイントは一つ。あらかじめ母親との面接中につまらない親父ギャグを何度も言っておくことです。

コラム

〝見えてしまうこと〟を怖がる小学生男児へのパラドックス介入の一例

――「ユウレイと楽しく過ごしましょう」

末崎裕康

小学六年生の男子（ＩＰ）と母親が相談にやってきました。ＩＰは「ユウレイが見えて怖い、考えただけで気持ち悪くなる」と訴えています。母親は、ＩＰが毎晩のように「見えたらどうしよう」とか「また見えた」と言っては怖がり、落ち着くころにはぐったりしていることが続いていて心配なこと、そして本当に《見えて》いたらどうしようと不安がっています。

筆者はユウレイの詳細をＩＰに尋ねました。すると、白い女の人であること、足がなく、足音がしないため、いつの間にか背後に立っているけれど、攻撃はしてこないことなどを教えてくれました。それ以上の詳細は「気持ち悪くなる」と答えてくれませんでした。筆者は教えてくれたことにお礼を言いながら、他に「変なもの」は見えないかと尋ねました。するとＩＰは「大人の男の人がオニに見える」と答えました。それは、暗がりで、大人の男性のことが、ツノの生えたオニに見えることがあるのだそうです。このエピソードも詳しく聞くと、そのように見えるのは大人だけで、高校生や大学生くらいの男性はそうは見えないと言います。そして、初めにオニに見えたのは父親だと言いました。そこでカウンセラーは、ユウレイのイメージは身近の人ではだれかと尋ねると、IPは「お母さん」と答えました。

カウンセラーはIPの恐怖感に共感的な理解を示しながら、この問題の解消方法として次の二つがあることを伝えました。それはユウレイを見なくて済むようになる方法と、ユウレイと楽しく過ごす、またはやっつける方法です。そして前者は筆者と話すことで達成できるとは限らないけれども、後者であれば一緒に考えることができることを伝えました。IPはちょっと考えるそぶりを見せ、楽しく過ごすとか、やっつけることはできるのかと尋ねてきました。筆者はもちろんできると伝えると、IPは笑顔で〝次にユウレイが出たときに楽しく過ごす方法〟をああでもない、こうでもないと考え始め、その議論は大いに盛り上がりました。ただ、母親は少しいぶかしげな顔をしていました……。

IPは三カ月後、他の問題で来所したのですが、そのときまでユウレイを見たり、大人の男性がオニに見えることはなくなったと言っていました。また母親から、IPが「ユウレイが見えると言いだした時期」は、「IPが妹の部屋に忍び込んで妹の貯金箱を開けようとしていた場面に母親が偶然出くわし、『何してるの？』と恐る恐る声をかけた」という出来事の後だったそうです。

この事例の一番のポイントは、ユウレイとどう付き合うかという話題に焦点を当てることができたことです。これまでユウレイが出てくること、出てくるかもしれないことは、ＩＰにとってコントロールできない恐怖でした。しかし「どう付き合うか」という話題にスムーズにシフトできたことで、ＩＰがユウレイとの関係をある程度コントロールできるようになったと考えられます。

第4章　シミュレーションから学ぶ（1）

皆様には、これからシミュレーションをやっていただきます。進め方はこうです。私がクライアントになります。私の前に椅子を一つもしくは二つ用意して、皆様には五分交代でどんどん前に来てやってもらいます。前の人が話していた続きを次の人がやらなくてはいけません。何をすれば良いのかと言いますと、先ほどから言っている〝輝く側面〟すなわち、拡張された例外概念に基づきそれをピックアップして返す、ということです。今からやっていただくシミュレーションは次のような設定で行ってもらいます。

4・1　事例の概要

問題になっている子どもは高校一年生、そして来談されたのが子どもの親御さん。主訴は「子どもが学校をサボる」とか、「夜遅くなっても家に帰って来ない」とか、そういうことがあって、心配しているということにしましょう。家族構成は父親と息子の二人です。こういう基本的な情報は最初にセラピスト役をする方にあらためて訊いていただくことになると思いますが、一応皆様の前で明確にしておきます。

私がクライアント役をやるのは負担をかけないためです。つまり、セラピストの方に負担がかからないように私が努めますから、できることなら挙手をしてこのような場で積極的にチャレンジしていくようなことを普段されないようなタイプの方が出てきてくれればと思います。「絶対自分は手をあげないだろう」という人は挙手！　あれ、いらっしゃいませんね。今のは冗談ですけれど（参加者A——中学校に勤務する男性教員——に決定）。

そうしたら、今回はこの方がカウンセラー役です。では私が相談に来たということで、「今日はどうしたんですか」というような話から入ってみてください。

4・2　実演その1（セラピスト役——参加者A、クライアント役——若島）

〈概要〉高校一年生の息子と二人で暮らす父親が来談した。息子が他校の生徒と喧嘩をし、それが警察沙汰にもなり、その出来事をきっかけとして来談を決意した事例。

セラピスト ではお座りください。こんにちは。今日はどのようなことでここにお越しになったんですか?

クライアント ここに相談にして良いものかどうかちょっと迷ったんですけれども、息子、高校一年の息子なんですが、最近学校サボったりだとか、そういう問題はあったのですが、ここに来るうえで「相談したほうが良いのかな」と思うきっかけになったのはゲームセンターで他の学校の生徒と喧嘩をしてですね、その喧嘩が警察沙汰になって、それで私が知ってですね、学校をサボっているのをそれまで知りませんでしたが、そのことがあって、学校サボってゲームセンターに行ったりとか、そういうことも知りましたし、そういう友だちとかも、悪い友だちとかとつきあっている可能性もあって、このまま放っておいていいのかどうか迷ってですね、それで今日ここに来ました。

セラピスト なるほどそれは心配でいらっしゃるでしょうね、きっと。ご家族の構成はどのようになっておられますか?

クライアント それも関係あるのかなと思うのですが、今、息子と二人で住んでいます。で、中学に入る直前ですね、小学校六年生の、卒業するちょうど三月に病気で妻は亡くなってしまいまして、それでそれからは私と息子が二人で生活しています。

セラピスト　じゃあ、お父さんもとても苦労されて毎日たいへんだと思います。あの、ゲームセンターということでしたけれども、その費用とかは普段どうしているんでしょうかね?

クライアント　私からの小遣いはいつも毎月ですね、月初めになったらリビングの棚のところに二万円おいています。そのうち一万円が小遣いですね。朝は私が作っておりますけど、夜とかまぁ私の帰りが遅いときもたびたびありますもので、食事とか、そういうときの生活費として一万円がおいてあります。

セラピスト　じゃあ本人はそのお金を使ってやっておられるということですよね。そういう点で考えると本人は自立した生活が、結果的にはそうなってしまいましたけれど、できていると言えますよね。

クライアント　おそらく、なんかお金をカツアゲしたりとか盗んだりとかはしていないのではないかと思っています。だから小遣いとかで、あるいは友だちから借りたりとかもあるのかもしれませんが、それでゲームを買ったりとかゲームセンターとかで遊んだり、そういうことではあると思います。たぶん盗ってはないとは思います。

セラピスト　そうですか、学校に行かないことが心配でしょうが、しっかりとその辺については成長できているってことなんですよね。立派に育っていると思いますけど。

クライアント　身体だけはまあ一人前に、腕力もたぶんついてきているとは思いますし。でも結局、妻がですね、亡くなってから、三年くらい経ちますから、結局そういうのでさみしいとか、そういうことがあったのかなとそのように考えちゃうことはあるんです。

セラピスト　その、お母さんが亡くなられたことについてご本人はお父さんとお話しされたりすることはあるんでしょうかね？

クライアント　そうですね、最近はほとんどないです。年に一回ですね、墓参りに行ったりとか、そのときはいっしょに。去年は行かなかったんですけれど。というのも、ちょうど高校受験とかあったものですから。去年は行きませんでしたが、それまでは墓参りには毎年行っていました。そのときには少し話をしたりとか、そういうことはあります。まあさみしいとかって言うことは、うーん、ないですかね。

セラピスト　ということはやっぱり、お父さんに対して、その面ではしっかりとした気づかいができてるということにもなりますよね。喧嘩で警察にお世話になってしまいましたけれども、それ以外の面では本当によくできた息子さんというふうに言えるんじゃないでしょうかね。トラブルにはなりましたけれども、お父さん一人の手でしっかりとお育てになっておられると思います。

クライアント　ありがとうございます。

――ストップし、コメント――

若島　このあたりでいったん止めましょうか。

参加者A　ありがとうございました。

若島　すごく良かったと思います。リレーなので、五分くらいで、どんなに良くても五分くらいで終わっちゃうのでたぶんすごくまだやりたいと思いますが、次にやりたい方がいらしたらぜひお願いします。この続きからです。

4・3　実演その2（セラピスト役――参加者B、クライアント役――若島）

セラピスト　ちょっともう一度うかがいたいんですけれども、申し訳ないのですがお名前から教えていただいても……。

クライアント　あ、すみません。若島です。

セラピスト　若島さんですか。若島さんのこともまず少し教えていただきたいと思うんですけれども、若島さんは毎日どんな生活をされているんですか？

クライアント　そうですね、毎日朝、だいたい六時ちょっと前くらいに起きまして、ごはんを作って、それで七時半頃に家を出て会社に行きます。

セラピスト　息子さんのためにごはんを作ってあげているんですか？

クライアント　そうです、そうです。それはもう妻が亡くなったときから。夜はですね、どうしても遅くなってしまったりとかいろいろあるのでたいへんですが、夕飯時にも帰って来れたら作ります。朝ごはんぐらいは毎日作っていっしょに食べたいとも思うし、食べられなくても作っておこうと妻が亡くなったときから決めて、やっています。

セラピスト　息子さんのことをいつもずっと気にかけて毎日生活されているのですね。

クライアント　やっぱり、妻が亡くなってしまったからできないことっていうかですね、別の言い方をすれば、妻が生きていればもう少しいろんなことができたのかなと、本当はね。いろんな思いをさせていると思うのでそれぐらいは、という感じですね。

セラピスト　お父さん自身も奥さんが亡くなられたことにさみしさを感じているように見えるのですが……。

クライアント　そうですねえ。はい。

セラピスト　お父さんもちょっとさみしさがあるんですか？

クライアント　そうですね、はい。

セラピスト　ちょっとごめんなさい。話がもどりますが、息子さんのために毎日ごはんを作ってからお仕事に行かれて、お仕事も結構たいへんなんでしょうか？

クライアント　事務職なんですが、時期によって変わりますね、毎月。ちょっと遅くなったりとかありますが、出張とかはありませんので毎日帰ることはできます。そういう仕事です。

セラピスト　お仕事はあっても毎日帰って、お子さんと会う時間はそのときにとることはできるんでしょうか？

クライアント　息子が先に帰っているときには電気がついていて、でも、息子が先に帰っているときにはもう自分の部屋に入っている感じですかね。で、私が先に帰るときは後から来て、「あ、帰ったのか」と言うと、「あ、うん」とか言ってですね、食事をとることもないことはないですね。ないことはないですけれども、最近は少ないですし、だいたい部屋に入って、あるいは、リビングでテレビを見ているときとかはありますかね。

セラピスト　あんまりそういうとき、いっしょにいる時間をとることはできないわけですね。

クライアント　そうですね、いや、やっぱり時間をとったほうがいいんですかね？

セラピスト　どうですかね、でもとても息子さんのことは気にされているんですね。

クライアント　はい、そうですね。やっぱり、今そういう……、今回の喧嘩ね、そういうこととか、いろいろ行き届かないところがですね、あったからだとは思います。

――ストップし、コメント――

若島　ここで五分ですね。とてもいいところにもっていってますよね。まさに今日の説明通りに。男性の方が二人続いているので、女性の先生とか、いかがですか。では続きからお願いします。

4・4　実演その3（セラピスト役――参加者C、クライアント役――若島）

セラピスト　警察から息子さんのことで電話があったとき、ずいぶんおどろかれたんじゃないかと思うのですが。

クライアント　はい、おどろきましたね。まさかそんな警察にごやっかいになるようなことをするとは思ってなかったですので、はい。

セラピスト　そうでしょうね。で、心配になってこうして相談に来てくださったんですよね。

クライアント　そうですね、はい。こういう相談に来れば良いものなのか、どうすれば良いのかよくわからなくて、相談に来てみました。

セラピスト　今までのお話を聞いていて、ともかく息子さんが心配で、お忙しいなか、時間を割いて、こうしてここまで来られたお父さんから、お子さんに対する愛情がすごく伝わってきました。なので、何か力になれたらなと思って今お話を聞いています。

クライアント　はい、ありがとうございます。息子にどうやって今後接していけば良いのか、それがやっぱり。何かアドバイスいただけたらと思います。

セラピスト　そうですよね。今まで気づいてないところで、こういうことが起こっていたわけですからね。

クライアント　そうです。

セラピスト　いろいろ迷っておられることもあるとは思うのですが、その警察に行ったあとはどのようなことを息子さんと話したのですか？

クライアント　警察へ行ってってですね、それから話したことは、喧嘩とかですね、「そういう迷惑のかかるような、そういうことはやっちゃだめだ」ということをですね、息子に言ったりしました。

セラピスト　それに対して息子さんはどのように言われましたか？

クライアント　「うん」とかいう……そんな感じです。

セラピスト その後、いかがですか？

クライアント その後もですね、最近やっぱり話とかする機会もあまりないので、どのように考えているか、ちょっとよくわからない状況です。

セラピスト その、何日か前のことかと思うんですけど、その後もお家に帰らずにゲームセンターとかによく行っておられるんですか？

クライアント どうなんでしょう、ゲームセンターに行っているかどうかはちょっとわかりません。わかりませんが、遅く帰ってくることは、それほど多くはありません。

セラピスト ああ、はやく帰るようになられたと？

クライアント 前よりははやく帰ることが増えているようには感じます。

セラピスト それは良かったですね。

クライアント そうですね。

セラピスト うんうん。

クライアント まああんまり、夜出歩いているのは良いこととは思いませんので、そう思います。

セラピスト お父さんがはやく帰ったとき、息子さんが帰っておられるときに何か声をかけるとかっていうことは？

クライアント　そうですね、ありますよ。「ご飯食べるか?」とかですね。あと、「洗濯物、そこにおいてあるから持って行け」とかですね。あと何かあるかな……。「お金足りてるか?」（セラピスト笑う）とかまあそんなことですかね。

セラピスト　息子さんからはお父さんに何かこう……。

クライアント　いやー、何にも……何ともないですね。

セラピスト　そういう生活は今まで三年間、同じようなペースで?

クライアント　いやいや、そんなことはないですね。今、高校一年の一〇月ですけれども、高校に受かったときにいっしょにご飯を食べに行ったんです。そのときには、まあいろいろと、おそらく本人にもやりたいこととかあったんだと思うんですけど、そういうこととか話したりもしましたね。

セラピスト　ああ、そうなんですか。

クライアント　普段あんまり話すことはないですけれど、入学祝いに食事に行ったそのときはちょっとしゃべりました。

セラピスト　高校に入ってだんだん会話が減ってきたという感じ。

クライアント　そうですね、はい。

セラピスト　それはどうしてなんでしょうかね?

クライアント　いややっぱり、高校に入ってきっと思ったより、期待していたよりも高校生活が楽しいもんじゃなかったのかもしれません。

セラピスト　そのような会話を直接されたことはないけれど、お父さんが息子さんの様子を見て感じ取られたんですか？

クライアント　うーん。いや、自分だったらそうかなって思っただけで、わかりません。本当のところは違っているのかもしれませんし、まったく。

――ストップし、コメント――

若島　それでは、時間ですのでよろしいでしょうか。面接を進めていくうえで、細かな言葉の選択肢というのは、いくつでもあるんですよ。それでいて数多くあるなかの一つしか選べません。皆さんのなかにはさまざまな意見があるでしょう。見ている方々、特に普段、カウンセリングやコーチングで面接をやっている方々のなかには、「自分だったらこういうことを訊く」などのお考えもあると思いますが、それでも数ある流れのなかで選ばれた一つの流れでしか実際の会話は進んでいかないんです。でも、今進んでいる方向について少なくとも私に伝わってくるのは、「この親父が悪い。だからあなたが変わりなさい」とか、そういうメッセージが込められていないということです。つまり、父親を肯定的に見てくれているというのがわかります。これはとても重要なことで、方向としてはたいへん良いものだと思います。セラピスト役の先生方、ありがとうございました。前のほうの席に座っている方というのはモチベーションが高いと思うんですよ。

では次の方に、どうぞ。

4・5　実演その4（セラピスト役——参加者D、クライアント役——若島）

クライアント　なかなか高校に入ってからですね、ちゃんと話をできる機会がないんですけど、一回作ったほうがいいもんでしょうかね？

セラピスト　お子さんからはあまり警察沙汰の後に話しかけてきてない感じですかね？

クライアント　そうですね、その前からも話しかけてくるっていうのがそれほどあったわけではないですけれども、話しかけてくることは……ないですね。

セラピスト　要するに警察沙汰になったということですよね、喧嘩ということで向こうのお子さん方に怪我とかなかったわけですよね？

クライアント　息子たちのグループのほうが怪我しました。

セラピスト　息子さんが怪我をされたんですか？

クライアント　そうですそうです。負けたんですよ。

セラピスト　あっ、負けたんですか？

クライアント　負けたんです。あっちのほうが強かった。

セラピスト　大きな怪我とかされたんですか？

クライアント　いや、大きなというか、顔が腫れたくらいで。

セラピスト　顔だったらたいへんなことじゃないですか。

クライアント　ええ、痛かったでしょうけど、おたがいに喧嘩ですので。

セラピスト　で、喧嘩して負けて、警察沙汰になってお父さんに知られたわけじゃないですか。そして顔を腫らして、しかも負けたみたいですから。息子さんとしてはなかなかお父さんに話しかけにくいんじゃないですか、今？

クライアント　ああ、そうなんですかね。

セラピスト　実際自分だったらとか、高校生のときに喧嘩とかされたことあります？

クライアント　喧嘩……そうかもしれないですね。私は……。

セラピスト　高校生のときはやんちゃな感じだったんですか？

クライアント　いえいえ、小説ばかり読んでいましたね。

セラピスト　おお、はいはい。どちらかというと勉強ばっかりしていた？

クライアント　そうですね。勉強は好きじゃなかったですけど、本ばっかり読んでる感じだったな。喧嘩とかはあんまりしたことないんですけど、そういうもんなんですかね？

セラピスト　タイプにもよると思いますね。息子さんは本とか読まれます？

クライアント　いやー、漫画とかじゃないですか。漫画は部屋においてあったりとか、のぞくとおいてあったりしますので。

セラピスト　ほう、若島さんは漫画読まれます？

クライアント　漫画はたまに読んだりもします。

セラピスト　息子さんと同じ漫画とか読まれたりするんですか？　全然違う感じですか？

クライアント　息子はですね……私とはおそらく好みが違うのではないでしょうか。

セラピスト　じゃあちょっと息子さんとタイプが違う感じですかね。亡くなった奥様には、息子さんと似ていらっしゃるところとかあったんですか？

クライアント　そうですね、似てるところは……勉強が嫌いっていうのは似てるかもしれないですね。

セラピスト　奥様はそこまで勉強が好きではなかった？

クライアント　うん、勉強とかそういうのは……。漫画を読むというのはあんまりなかったかもしれませんけど、喧嘩するということもなかったし。

セラピスト　奥様はおだやかな方だったんですか？

クライアント　そうですね、比較的。

セラピスト　なるほど。

クライアント　まあおだやかですよ。息子も家ではそんな……喧嘩をしたっていうのでびっくりしたくらいですよ。

セラピスト　喧嘩するようなタイプだとは……。

クライアント　思いませんでしたし、家ではそういうことはまったく……そんな感じではありません。おとなしいですよ。

セラピスト　うーん、もしその亡くなった奥様が今回起こった出来事を知ったとしたらどのようにおっしゃるでしょうね？

クライアント　うーん。

セラピスト　びっくりしますかね？　若島さんと同じように。

クライアント　これはおそらくなんですが、こういういろいろなことはそもそも起きなかったんじゃないかってね、思うんですよ。

セラピスト　起きなかった？

クライアント　だから、何かいろいろなことがあっても、息子と私たちが話をしているなかで結局何かに気づいたりできたのではないかと。妻がいれば、家に帰ってから話す時間とか、家にいる時間とか、そういうのがもっとあったと思うんですよ。そうしたら今回のこういうことも、もしかしたらなかったのかな。そのように感じます。

セラピスト　奥様が亡くなった後、料理とか家のことをやりながら仕事へ行ってというのは、男だけではなかなか辛いじゃないですか。そういうことを毎日やっているなかで、先ほど私に話してくれたようなことをお父さんが感じていることを息子さんはご存じですかね？

クライアント　いやー、そういうことを話す機会がないですし、知らないでしょうね。

セラピスト　一回伝えてみてもいいんじゃないですか？　そういう今の気持ち、今日ここで話してもらったような気持ちっていうのを直接伝えてみてもいいんじゃないですか？

クライアント　そうですね、それを結局どうやってその……なかなか……。例えばこういう感じですね、話をする状況自体がですね、どうやって作るかっていう問題もありまして。

セラピスト　去年は確か奥様のお墓参りに行ってませんよね？　今年もそろそろ行く時期じゃないですか？

クライアント　そうですね、今年はまだ行ってません。去年は受験だったから仕方がないんですけど。

セラピスト　去年行けなかった分も、お二人で行ってきてもいいんじゃないですか？

クライアント　そうですね。なるほどなるほど。そういう時期ですね、はい。

――ストップし、コメント――

若島　はい。ありがとうございます。とても良いところに来ています。最後は介入課題を出すところにまで非常に近づくことができました。これまでで、どういうことをやってくださったかというと、これまでやっていたこと、去年はやっていないけどこれまでやってきたことを利用し、かつ、お父さんが考えていることをピックアップしてそれを伝えれば良いと、こういうことになっています。実行可能な作業になってきていると思うので、この方向性で進めていただければきっと上手くいくと思います。

もう介入に入りつつありますので、このシミュレーションはこれで終わりにしようと思いますけれども、よろしいでしょうか。つまり、「お父さんがこれまでやってきたこと、去年は受験でできなかったけど、今年はどうせ受験にもう受かっているんだから行くでしょ？　だからそのときをきっかけにして、話してみたらどうですか」って、そういう介入ですよね？

メインセラピスト役の参加者D　そうですね、話したい内容っていうのをここで話してもらうなかで、ある程度固まってきたので、じゃあ次に話す場が欲しいと言っているお父さんに話す場を提供するということを考えました。その意味では、今まで語られたなかで使えるリソースっていうことで、一緒に二人で長い時間いる墓参りを考えました。で、じゃあ行ってみたら、というのがねらいでした。

若島　はい、ありがとうございます。そういう考え方、おそらくこれで良いと思いますね。非常にシンプルだし、良いものになっていると思います。それでは、ここまでのところでもし何か質問とかあれば受け付けたいと思います。質問がある人に挙手してもらうかたちでもいいんですけど、できれば皆様からそれぞれ質問が欲しいのです。前のレクチャーのところでもいいですし、このシミュレーションに関することでもいいので何か質問があれば、紙に書いていただいて、それを提出してください。ルーズリーフをちぎったような紙でも結構ですよ。「紙を破るなんてとんでもない」とか「ノートは破らない」というお考えの人がいらっしゃったら、近くにいるすでにルーズリーフをちぎった人からもらってください。

コラム

父親を問題解決に巻き込んだ介入課題の一例
――「お母さん、絵文字デビュー」

末崎裕康

母親が子ども（中学一年男子）のことを相談するために中学校の相談室にやって来ました。近頃、母親の言うことを聞かなくなってきて、言うことを聞かせようとしつこく言うと、暴れだして手がつけられなくなって困っているとのことでした。その一方で、父親がいるときは母親の言うことも含めてよく聞き、暴れることもないと言うのです。さらに詳しく話を聞くと、暴れはじめるとなかなかおさまらず、最終的にゲームソフトや雑誌を買う約束をしてなだめすかし、実際にそれらを買い与えて子どもを落ち着かせていると言います。そして彼が暴れることは父親に伝えているものの、実際に見たことがないので真に受けてくれないことへの不満や、何かを買い与えて落ち着かせていることを父親は知らないことが語られました。

そこで筆者はまず、子どもをしつけようとしていることなど、母親が「母親」としての役割を担っていることを労い、それがなければ子どもが反抗期を順調に迎えることはできなかっただろうと伝えました。次に、父親への不満に対し共感的な理解を示しながらも、父親の協力がなければ解決しない可能性もあることを伝えました。それについて母親が強く同意したため、父親の協力を得るための作戦、つまり「父親にどうお願いするか」という点について話し合いました。その頃には母親との信頼関係ができていたため、「せっかくなので面白くお願いしませんか」と筆者がニヤケながら提案すると、母親は笑いながら同意し、自身ができるさまざまな行動を提案してきました。その提案をもとに作戦を練った結果、母親がこれまで使ったことのない「絵文字たっぷりのメール」を送ることになりました。母親は「絵文字デビューですね」と笑顔で相談室を後にしました。

二週間後に行われた面接では「子どもが落ち着いている」ことがまず語られましたが、その後は「父親とのやりとりが増えた」ことについて話は終始しました。家でのやりとりだけでなく、メールの回数も増えたと言います。メールのやりとりでは、母親から絵文字入りのメールを送り続けていること、そして少しだけですが、父親も絵文字を使うようになったことが語られました。

さらに二週間後、予約していた面接をキャンセルする旨の電話のなかで、父親との関係は引き続き良好で、家事の手伝いもたまにやってくれるようになったこと、そして子どもの様子について「子どもは子どもですから（笑）。あまり干渉するのもよくないですよね」と語っていました。筆者は何か困ったことあったら連絡するようお伝えしましたが、その後連絡は来ていません。

この事例のポイントは、母親－子どもの二者間の問題としてではなく、父親も含めた三者間の問題として、少し引いた視点から捉えなおされたことです。そのことでユーモラスな提案に乗ることのできる余裕が生まれ、創造的な対処行動を母親自身が考えることができたのだと思います。

コラム

親子ゲンカの悪循環を切断するための介入課題の一例
――「みんなでルールを変えましょう」

野口修司

ＩＰは当時、中学二年生の女の子でした。主訴は登校渋りです。はじめは母親からの相談でした。一カ月ほど前からＩＰが登校渋りを始め、そのたびに母親は朝からＩＰと問答を繰り返した後で押し出す形でＩＰを学校に通わせていました。しかしあるとき、ＩＰから「お母さんは私を無理やり学校に行かせるけど、もうそんな脅しには負けない」といった宣言をされてしまい、不安に思った母親がカウンセラーに連絡をしたという経緯がありました。面談には母親とＩＰの二人が来てくれました。

ＩＰから話を聴くと、学校に行きたくない理由として、以前にトラブルのあったクラスメイト（このトラブルについては担任の先生により一応の決着はついたとのこと）との関係がそれ以降も気まずくて学校に行きたくない、といったことが語られました。その後、母親には別室で待機してもらい、カウンセラーとＩＰの二人で話を進めました。

ＩＰに今後の生活についてＩＰ自身のプランや考えはあるのかを訊くと、「新学年になりクラスメイトが代われば通えるようになる（面談時期は一月でした）」と話しました。そこで「例えばこれから春休みまで学校を休むという方法もあると思うけど、ずっと休んでから四月になって急に毎日通いだすのと、今から春休みまで少しずつ通って慣らしておくのでは、どっちが自分にとって通いやすいと思う？」と訊くと、ＩＰは「今から少しずつでも通うこと」と答えました。さらに「じゃあ、今の自分にとって何とか無理せずに通うためには週五日のうちに何日くらい通えそう？」と訊くと、「三日」と答えてくれました。そこでＩＰに「これはお母さんや学校の先生とか皆の許可が出たらだけど、来週から月曜日〜金曜日までのうち三日だけ登校することにしよう。どの曜日に行くかは自分で決めていいけど週に三日は頑張って行くことにするっていうのはどう？」と提案するとＩＰは納得してくれました。そこで母親にも同様の話をして同意してもらい、学校の先生にも許可をもらいました。その後、ＩＰはその日の登校を母親と相談したうえで決めるようになり、登校する際にも母親が担任宛にその日の登校プランを手紙で連絡するようになりました。その結果、ＩＰはすぐに約束した週に三日以上のペースで登校するようになりました。また、新学年を迎えた後も学校に行きたくないと愚痴を言いながらも毎日登校しているとのことでした。

この事例の一番のポイントは、ＩＰと相談したうえでの新しい登校ルールを作り、それを周囲（特に母親）との間で共有したことだと思います。これにより、毎朝登校のことで親子がケンカをしていたという悪循環が断たれ、登校するかどうかについて話し合うというパターンに変わりました。これは母親としても毎朝登校させなければならないというルールが変更されたからです。子ども・保護者・学校の関係者全員が妥協のできるルールを再設定することで、それまでのシステムを変化させることができた一例でした。

第5章　質疑応答を通じての理解

皆様の質問が、すごく良い質問で、しかもかなり難しい質問が多いですね、答えられないですよ。こういう紙で質問をとる方法の良いところは、難しいのは答えたふりしてとばすことができることです。講演などで最後に挙手によって質問をとると、最後に難しい質問がきて答えられないみたいなことになって、これまで話してきたことすべての信憑性が損なわれるという困ったことが起こり得るのですが、この方法だと上手くそれを回避できます。是非皆様もご利用ください。

5・1　問題についての会話（プロブレム・トーク）について

質問1　ブリーフセラピーでは問題に対する質問はあまりしないのでしょうか？　それとも

問題を把握していくためにある程度質問をしていくことは必要なのでしょうか？

人によって考え方が違うかもしれませんが、私は基本的に次のように考えます。〝解決を作り上げるために自分が必要としている質問であれば、それは問題についての把握であろうと、何でもしたら良い〟と思います。グレコローマンってご存知ですか？　レスリングでのルール、もしくは、そうしたルールのもとで行う闘い方のスタイルの一つなんですけれど、このルールでレスリングを行う場合、選手は腰から下を攻防に用いることができません。グレコローマンに対して、フリースタイルというのがありますが、こちらは全身を攻防に用いることが許されているルールです。ルールというのを取り払って、どちらのスタイルを選んで試合をしても良いとすれば、つまり、選手はとにもかくにも闘いを有利に進めていくことだけを考えてスタイルを決定できるとすれば、おそらくグレコローマン・スタイルで試合をする人はいないでしょう。これと同様のことがセラピーについても言えると思います。ルールにしばりつけられたセラピーというのは、私は窮屈だと思うし、間違いだとも思います。最初に言ったように、クライアントを今よりも元気にしていくことが重要なのであって、こちら側のやり方というのは、はっきり言いまして重要ではないと思います。重要ではないというよりも、二の次、三の次と言ったほうが正確でしょうか、そのように思います。したがって、質問してはいけないとか、問題について訊いてはいけないとか、そんなことは全くないと思います。それが私の考えです。

5・2　セラピストが one up にならないために

質問2　介入を出すことによって、セラピストが one up position になってしまう、そういう可能性があるのでしょうか？

とても良い質問ですね。端的に言うと、そういう可能性もあるので、介入の出し方に工夫をすれば良いということになります。つまり、介入として出される行動について「お父さんがこれまで毎年行っていた」とか、こういう来談者を主体とした側面を強調します。「お父さんは毎年息子さんと墓参りへ行っていて、お母さんのことを話せるようなそういう機会を作られているんですね。それをやられたら良いんじゃないですか」というように。「お父さんの考えだ」ということをもう一度明確化すれば、セラピストが one up になってしまうということは、それほど起こらないでしょう。

5・3 介入課題の提示について

質問3 解決のための具体的な方策はクライアントに言わせたほうが良いのでしょうか？ それともこちらから言っても良いものなのでしょうか？

これについては、do more というものの基本に立ち返ると見えてくるかもしれません。その人の口から出たもの、その人が考えていたこと、あるいは、その人が実際にやってきたこと、こうしたことに、こちらがのっかっているのが do more ですよね。先ほどの事例でも、過去のものだけれども、そういうやりとりができたお父さんのやり方を do more している。基本的な考え方はこのようになるでしょう。

5・4 クライアント中心療法との異同

質問4 初歩的な質問かもしれないですが、ブリーフセラピーと一般的なカウンセリングの一番の違いはどういうところだと思いますか？

カウンセリングというと、おそらく傾聴を主体としたものを意味しているのでしょう。そういう理解に基づいて答えます。共感が重要であることには双方に違いはありません。そして、このように重要である共感を示すにあたって「共感しています！」とセラピストがどれだけ言っても意味を成さないと私は思っていますし、ロジャーズもそのように考えています。「共感が伝わるように努力しなさい」と著作に書いてあります。伝わることが重要であるとするならば、やはりそうした問題には関心を向けなければいけません。ブリーフセラピーの面接の中では輝く側面をピックアップしてフィードバック、伝え返しをしていきますよね。先ほどのシミュレーションでは時間がなかったので仕方ないのですけれど、そのときには、やはりもう少しお父さんのことを聞いておいてからのほうが効果的だろうと思います。今、私はロジャーズに凝っているのですが彼もそのように言っていますよ。私の言葉で言えば、共感なき肯定的なフィードバックやコンプリメントは効果的ではない、と表現できます。では、積極的な共感の伝え方とはどのようなものでしょうか。シミュレーションで先生方が目指していた方向性は「お父さんが頑張ってきたことを認め、その頑張りを今後より積極的に続けてもらおう」ということです。

しかしながら、あのお父さんは「自分が息子のために頑張ってきた」ということをいきなり言われて、果たしてすんなりと納得できるでしょうか。あのお父さんはこのように言っていました。「母親さえいたら、もしかするとこんなことには……」と。セラピストがお父さんの頑張りを認めてフィードバックすることが共感的なものとなるのは、お父さんが自分自身の頑張りを少しでも認めている場合です。お父さんが少しでもそのように思えるような会話の流れを意識して、「頑張っているお父さん」という現実を共有して社会的に構成したあとで共感を示す。これが積極的な共感の示し方であり、こうした考え方の枠組みをもっているのがブリーフセラピーだと思います。

5・5　コンプリメントのコツ

質問5　コンプリメントを有効に行うために気をつけたほうが良いことを教えてください。

コンプリメントすると、「でも……」とか「だって……」というような反応が返ってきて、手応えがつかみづらいことがあります。こういう反応について敏感であることはもちろん重要ですが、一つ気に留めておいてください。私なんかもそうなんですけれど、皆様のなかにも相手から肯定されても素直に「そうなんです」と言いづらい方もいらっしゃるのではないですか。コンプリメントに対する反応というのはおそらくそういうものです。こころのなかではそうやって思ってもらってうれしいとか、自分がやってきたことは間違いじゃないとか思っていたとしても、目に見えるコミュニケーション上では、「いやいや、まだまだダメです」だとか、このように出てくるものなのです。実際にシミュレーションなどをやればわかります。クライアントの役をやれば実感で理解することができるでしょう。だから、口頭であまり良い反応がないからといって、それが無駄になっていると考えなくてもいいのではないかと私は思います。ただ、全くセラピストが思っていないようなことを肯定的に返しても、上手くいかないでしょう。これは素晴らしいなと、そういうふうに感じることができる見方や考え方に慣れておけば、上手くコンプリメントを行うことができるのではないでしょうか。実は私自身、コンプリメントが下手なほうなので参考までに。

5・6　ブリーフセラピーのなかで扱うこと

質問6　「どうしたら学校に行ってくれるんでしょうか?」という問題に対し、クライアントが強いこだわりを示したらどうすれば良いでしょうか?

私だったらこう言いますね。「いや、難しいですよ」って。「学校に行くとか行かないというのは本人が決めることなので、一回や二回だけだったらできますけれども」と。こうしたことについては先ほども事例を示してお伝えしたとおりです。学校に行かせることができるふりをして面接をするということについて、私は相当な罪だと思います。なぜなら、できっこないですから。先ほどのシミュレーションが実際のケースだったとすれば、結果的に行くことになったとかそういうことは充分に起こり得ます。ただ、「学校に行かせるにはどうすれば良いですか」という親の問いに対して、「それはですね、墓参りに行ってください」とセラピストが言うのは、嘘をつくのと同じだと思います。繰り返しになりますが、私なら「いや、難しいですよ」と言うと思います。そこから仕切りなおして、結果的に学校へ行くようになるよう、少しでもその確率を高められるように、どうしていくかを話す場として時間を費やすのではないでしょうか。

5・7　新陰流モデルにおける大原則

質問7　セラピストの話の進め方やその流れには何かルールのようなものがあるのでしょうか？

今年（二〇一〇年）の日本心理臨床学会秋季大会に出られた方いますか？　今年の学会ではエドワード・デシ（Deci, E.L.）先生をお招きして講演をしていただきました。私はもともと臨床ではなくて社会心理学を専攻していました。私が最初に所属した研究室では、内発的動機づけ、認知的不協和、態度変容というようなトピックを扱っていましたが、その頃からデシ先生の理論に親しみ感銘を受けていました。デシ先生が提案された自己決定理論については、現在、東北大学でも研究をしております。そういうこともあって、デシ先生を機会があったらお呼びしたいとずっと考えていました。実は、当初はデシ先生ではなくて、共同研究者のライアン（Ryan, R.M.）先生をお呼びしようと思っていました。というのも、デシ先生が来てくれるなんて思ってもいなかったからです。ライアン先生だったら来てくださるかなぁと。あっ、この方はデシの弟子です（笑）。そのように考えていたのですが、ダメもとでデシ先生に連絡をしたところ、ご本人が来てくださるということで実現しました。

あの学会で講演を聴いた方はおわかりだと思いますが、私がブリーフ・セラピストとしてデシ先生の理論のどこに関心があるかというと、自律性・有能感（コンピテンス）・関係性という三つの概念についてなんです。病気であろうとなかろうと、問題があろうとなかろうと、私たち人間に必要なものというのはこの三つだとする理論についてです。

一つ目は自律性です。「自律的でありたい」と私たちは思っています。お父さんに対して「あなたのやり方は間違っているから、こういうやり方をしなさい」と介入していく面接を進めていくと、その結果としてどのようなことが起こるでしょうか。もしかすると、そのようなやり方でお父さんがやってくれて、当面の問題については上手くいくかもしれません。けれども、今度息子さんに何か新たな問題が起こるたびに、またセラピストのところに相談に来てしまうでしょう。つまり、お父さんが「主体的に、息子の問題に対処したい」という感情をもてるようになること、あるいは、もともとお父さんがもっているそういう気持ちを挫かずに育んであげることこそが、ブリーフセラピーに必要なことだと言えます。私たちは自律的でありたいと、そういう欲求をもっているということに留意しなければいけません。

二つ目は有能感（コンピテンス）です。私たちは「有能でありたい」と願っています。だから、「お父さんがやっていること全然だめですよ、こうやったほうが良いですよ」と言ってしまったら、こころのニーズに沿っていない面接になってしまい、お父さんの元気をなくさせてしまうでしょう。有能感が挫かれ、それによって元気がなくなってしまったら、お父さんは息子さんの問題だけではなく、さまざまな問題に対処する自信を失ってしまい、対処すること自体をあきらめてしまうようになってしまうかもしれません。したがって、人々がもっている「有能でありたい」という感覚や欲求を満たす面接を行うことも重要となります。

三つ目は関係性です。「人と関わりたい」と私たちは思っているわけです。意外と思われるかもしれませんが、これはひきこもっている人に関してもあてはまります。例えば、インターネットなどでさまざまなコミュニティに参加したり、そういうしっかりしたコミュニティではなくとも多数の人間が書き込みを行っている掲示板に書き込みを行ったり、そういった行為はこの関係性についての欲求に根差したものと考えられます。不登校になっている子どもでも、特定の友だちと関係をもちたがったりしますが、これも同じことです。私たちは基本的にこういう欲求をもっているということです。

ここまでに示しました三つの欲求、これらがまとめて一つの指針として働くだろうと思います。「質問や介入にはルールや方向性があるのでしょうか」というご質問ですが、もしもそのようなものがあるとするならば、私はこれらを挙げます。こうしたニーズがあるということは、クライアントの方はそれらが満たされるようなことを受け入れやすいということですから、そうした欲求の充足に向けたクライアントの力を利用して面接を進めるということは大きな意味での新陰流モデルによるアプローチと言えます。つまり、新陰流では、相手の意志を阻むのではなく、逆にそれを助け、相手にその意思を発揮させようとします。「合の理」というそうです。

先日私が担当した事例をご紹介します。ご両親と四人の子どもから構成されている六人家族で、奥様が来談されました。このご家族はたいへん多くの問題を抱えていました。旦那様のうつ、四人の子どものうち一人がAD/HDでもう一人が場面緘黙《かんもく》です。このようにさまざまな問題を抱えていたのですが、四回のセッションで終結を迎えることができました。なぜそのようなことができたのかというと、私はそれらの問題を一つずつ扱っていくことはしなかったからです。一つずつ扱っていたらキリがないですし、問題なんてまた新たに生じてくるものですから。AD/HDの子どもに対して今の問題に関する上手い認知行動療法を使ったとしても、問題はまた新たに起こってくるでしょう。ですから、このようなときは全部ひっくるめて扱います。

より具体的に言うと、これらの問題のすべてに関して、お母さんが自律性と有能感をもち、家族との関係性のなかで対処できるようになれば終結を迎えることができるということです。

デシ先生やその共同研究者らの提唱する理論についていくつか補足しておきます。彼は内発的動機づけに関するいくつもの研究を行い、特にそのなかでも、もともと内発的に動機づけられている行動を外部から統制すると、その行動に対する動機が低減するという理論が有名です。この理論について彼は関係性という概念を付け加えています。自分がやりたいと思っていることをやるのは純粋に内発的動機づけに基づいた行動と言えます。それに対して、人から頼まれたり報酬をもらったりして行動するのは外発的動機づけに基づいた行動と言えます。しかし、ある個人に対して外側からの働きかけがあった場合でも、その個人と外側から働きかける人との間に関係性が構築されていれば、外部からの刺激が個人の内側に内発的動機として取り込まれることを指摘しています。

より具体的な臨床的場面に置き換えるとどういうことが言えるでしょうか。例えば、問題を抱える子どものところにメンタルフレンドが派遣されていて、そのメンタルフレンドが劇団か何かに所属しているとしましょう。メンタルフレンドが「今度少しだけ劇の練習に付き合ってくれない？」と子どもに対して関係が取れたあとで言ってみます。この子どもが劇の練習なんて最初はやりたいと思っていなかったとしても、メンタルフレンドとの関係が取れていればそういう行動に対する動機づけが内側に取り込まれて、完全に内発的とまでは言えないまでも、それに近い動機づけとなっていくわけです。同様に考えてみれば、do something different についても取り込みという観点から論じることができます。つまりこれまでにやってきたことと全く違った行動を介入として出すときについても、セラピストとクライアントの関係性が構築されていれば上手くいく可能性があると言えます。実際に、私はこれまでずっとそのように考えてブリーフセラピーを行ってきました。

デシ先生がとても優れた研究者だというのは心理学者ならば誰もが知っていることですが、日本心理臨床学会秋季大会にお招きして改めてそのすごさを感じました。この方は臨床家ではなく研究者なんですけれど、臨床の学会で講演されたあとの会場からの質問というのは「こういう場合どうしたら良いのか」といった臨床に関する質問が出るんですね。私は司会をやっていたんですけれど、けっこう意地悪な質問もあったりして「大丈夫かな？」と思っていたら、そんな心配をする必要はありませんでした。やっぱり大物はすごいです。四〇年間の研究で答えられるんですね。しかも、それが臨床家たちの考えていることとバッチリ合致していくんです。デシ先生が書かれた『人を伸ばす力』（Deci, E.L. & Flaste, R., 1995、桜井訳、一九九九）

というわかりやすい本が翻訳で出ていますので、興味のある方は一度読んでみてください。

5・8　ミラクル・クエスチョンのコツ

質問8　実際のセッションのなかでミラクル・クエスチョンを見てみたいです。

この技法を私はあまり使わないです。ですが、せっかくの機会なのでコツだけをお伝えしようと思います。例えば、先ほどのシミュレーションを例としましょう。お父様と話をしてきました。そのお父様が今ここにいるとして実演してみます。

「お父様が家に帰るとき、息子さんがすでに帰ってきている場合だと電気がついているんですね。そうですか。今、夜の六時ですけど、今日はこれ終わったらどうされるんですか？　あ、そうですか。買い物をして、それでご自宅に帰られて、帰られたらいつもどんなことをなさっているのですか？　今日は何をなさいますか？　ああ、食事を作ってそれを食べて、仕事のことをやってテレビを見て、はあはあ、ニュースを見て、そして風呂に入って、あ、そして寝るわけですか。そうですか」

このように、普段と変わらない日常の様子を細かく聞きます。そして……

「それで、お風呂に入って寝られますよね。で、寝ている間にですね、もしですよ、変な質問をしますが、寝ている間に奇跡が起こって、すっかり息子さんの問題がなくなっていたとします。でも、寝ている間ですから、奇跡が起こったことにお父様自身は気づかないですよね、寝てますからね。では、朝起きて、どんなことから問題が解決して、奇跡が起きたことに気づきはじめますか？」

こんな感じです。質問をする際に重要なのは、「奇跡が起こったとき、どんなことから気づきはじめますか？」と、このように訊くことです。「どんなことから気づきはじめますか？」、あるいは「誰が一番先にどんなことから気づきはじめますか？」とこのように訊くこともできます。ミラクル・クエスチョンでは、「奇跡が起こってどんなことから気づきはじめますか？」という質問に対してクライアントにいろいろ答えてもらうことになるんですが、クライアントから答えがどれほど詳細に返ってくるかというのは、セラピストが、今日この面接を終わって寝るまでの生活というのをどれだけ細かく訊いたかに依存します。つまり、その質問の細かさの相似形としてクライアントからの応答が出てくるということです。そうしたことを念頭に入れて、こちらがまず、今日、この面接を終わって寝るまでの生活について詳細にたずねておくことがコツです。質問してから細かく訊こうというのは、王道ではありません。今日帰ってから行うことというのは、ある程度ルーティーンになっていますから詳細に記述できるはずです。クライアントがすでに把握しているはずのことをこちら側も詳細にわたるまで訊いておくことが重要です。

5・9　クライアントとの関係性としての動機づけ

質問9　面接に対する動機づけの低いクライアントへどのように接していけば良いのでしょうか？

ド・シェイザーはセラピストとクライアントの関係を三つに分類しました。一つ目は、相談意欲にあふれ、問題解決意欲をもっているクライアントとの関係であるカスタマー・タイプです。二つ目は、自発的に来談はするものの、問題などに対する不安や不満を語るだけで、自ら解決のために積極的に行動しようとしないクライアントとの関係であるコンプレイナント・タイプです。三つ目、相談意欲自体がなく、面接に連れてこられたようなクライアントとの関係であるビジター・タイプです。質問にもあった動機づけの低いクライアントというのは、おそらくこの分類では二つ目か、三つ目の分類に該当するでしょう。ここで注意していただきたいのは、この分類法というのは動機づけの類型論ではなくて、あくまでもその場でのセラピストとクライアントの関係性によって分類したものだということです。スクールカウンセラーをされている方はイメージしやすいと思うのですが、子どもさんの問題でお母さんと学校で面接しているような事例を思い浮かべてください。お母さんと何回も会ったあとに、お父さんにも来談してもらうことにしたとします。お父さんがはじめて来談した面接では、おそらくお父さんがビジターになることでしょう。どうしてもそうならざるを得ません。なぜなら、どんな話をしてきたのかということがお父さんにはわからないし、セラピストとの関係性もこれから築いていく段階だからです。お父さんは面接自体がはじめてなのでどうやって入り込めば良いかわからない。このような状態のお父さんを解決にとって役に立たないと評価してしまうのは大間違いなんですね。そうではなくて、この状況自体がお父さんをビジターにしてしまっているのです。そういうときにはどうすれば良いかというと、お父さんにしかできないお願いをすれば良いですね。例えば、息子さんの問題だったら同性の視点から息子のこういうところを観察してきてほしいとお願いをすれば、このことに関して次回の面接の主役はお父さんになります。

話題の取り方や問題の意味づけによっても、関係性はビジター・タイプになったりカスタマー・タイプになったりと全く違ってきます。私が児童相談所にいた当時は少年非行の第三の波と言われていた時期でした。現在では児童相談所といえば虐待に対する対応が取り沙汰されることが多いですが、当時は非行に関する対応がとても多かったです。悪いことをした子どもについて警察から通告書というものが送られてきて、児童相談所の職員が会うことになります。それで、悪いことをした子どもと実際にどのような話をするかというと、例えばバイクを盗んだ子どもに対してだったら「バイクの持ち主さんはあのバイク、大事に乗っていたんだと思うよ」とか、こんな話をするわけです。つまり、反省を促すような話をしようとするんですね。こんな話をしたらおそらく「プイッ」って感じでまったく関心を示してくれないでしょうね。ここでの子どもとの関係性はビジター・タイプに分類できるでしょう。非行少年は動機づけが低いと一般的に言われていますが、それは違います。そういう話題で無理に話そうとするから動機づけが低くなるのです。それでは、このケースでそうならないためにはどうすれば良いのか。こう訊けばいいんです。「児童相談所に連れて来られたわけだけど、たぶんこれからたくさん会わなきゃいけないよ。ここに相談来たいの?」って。「ここに来たい? 毎週毎週?」このように。おそらく少年は「来たくない」と言うでしょう。そうしたら……「でしょっ! ここに来なくても良いってなるために、私は協力できるし、『あいつは大丈夫だ』って言ってあげることはできるけど……。でもさ、それだけじゃここに来なくても良いってことにはならないと思うんだよね。やっぱり学校の先生とか親が『うちの子は変わった』って言ってくれないことには、すぐにここに来なくても良いとはならないと思うんだよ。例えば、学校の先生が『あいつは変わった』とか『児童相談所なんて行く必要ない』って言ってくれるために、どうやったら先生をそういう感じでだませると思う?」というように訊けば良いのです。それに対して例えば「今までは昼から学校行ってますけど、朝から学校行ったら先生はそう言ってくれるかも」という答えが返ってくるならば、すでにこの少年はカスタマーです。こういったやりとりを皆様がどのように感じられるかはわかりません。倫理的な問題などもあると思うので。私自身はそういう方便みたいなことは心理療法を行ううえで重要だと思います。先ほどのレスリングのスタイルのことにも通じますが、セラピストがあんまりがんじがらめに縛られてしまうのは良くないと思うのです。本当はいけないことだというのはわかっていますよ。嘘をつくとか、先生をだますとか、親をだますとかそういう表現が。ですが、結果的に彼が学校に行くようになれば、色々なことが変わってくると思います。学校へ途中から行っているということが彼の周りの環境を形作っているんです、友だちとか。しかし、朝から学校へ行くようになれば違う友だちもできます。環境から大きく変わっていきます。いくらこの子だけをガチガチに縛っても、以前と全く同じ友だちと一緒にいたらまた同じようなことが起こります。そのようなシステムであるためです。情報回帰速度モデルで私が示したように、個人の変化ははやいですが、集団の変化は遅くて、その集団のなかに入れば、個人の行動はすぐに戻ってしまいます（参考として、若島、二〇〇一）。

以上述べてきたことが動機づけについての考え方です。個人のなかの気持ちの問題という単純なことだけではなくて、どういう話題を設定するのか、または、その時々の課題の出し方などによって変わっていくものだということです。

コラム

熟練セラピストの情報の取り方
――初学者セラピストから見たブリーフ5W1H

浅井継悟

5W1Hという言葉はご存知でしょうか？　いつ（When）、どこで（Where）、だれが（Who）、なにを（What）、どうして（Why）、どのように（How）の頭文字をとって5W1Hです。よく文章を書く時や、人に物を伝える時に必要な情報だと言われています。

私は、数々の熟達したセラピストの方の面接を直接見せていただき、ライヴ・スーパーヴィジョンで指導していただきましたが、熟達したセラピストは私のような初学者と違い、クライアントの話のなかから必要だけど足りていない情報を効率的に聞き出していると感じました。特に、5W1Hのなかでセラピーに必要とされている部分は、時にはクライアントの発言を遮ってでも質問しています。私のような初学者も面接を行なううえで、この5W1Hを意識して質問すると、今よりも効率的に情報を得ることができるかもしれません。

狐塚ら（二〇一〇）の息子と夫との関係に悩

むクライアントの事例を例にすると、初回面接で夫の気難しさを語るクライアントに対し、「（夫の気難しさが）顕著に酷くなったのはいつから？（When）」と質問しています。この質問から、夫には気分の波があるため、いつから気難しくなったと時期を決めることはできないが、一番酷かった時期が存在するという情報を得ることができ、その情報を元にセラピストはスケーリング・クエスチョンを行なうことができました。この場面で、もし、セラピストが夫の気難しいエピソードに聞き入っていたら、スケーリング・クエスチョンに入るタイミングはもっと後になっていたかもしれません。

いつ（When）だけでなく、どこで（Where）、だれが（Who）という情報も、特にブリーフセラピーの技法とつながりやすいように思います。抜毛を主訴としているクライアントに対し「家の外でも抜毛するのですか？（Where）」と聞くことによって、家の外では抜かないという例外を見つけることができますし、複数の家族成員について語るクライアントに「（家族成員の）誰が言っているのですか？（Who）」と訊くことによって、情報の整理だけでなく、家族の力関係を理解するヒントに成り得ます。

上記した内容は、心理面接のなかでは基本中の基本と言えるかもしれません。しかしながら、ともするとスケーリング・クエスチョン、ミラクル・クエスチョンなど、ブリーフセラピーの華々しい技法ばかりに目が行きがちな私のような初学者にとって、当たり前すぎてブリーフセラピーの教科書にすら出てこない、この５Ｗ１Ｈをあえて意識することは、今よりも早く、ブリーフかつエレガントな面接を行なえるヒントを含んでいるのかもしれません。

文　献

狐塚貴博、浅井継悟、平泉　拓、宇佐美貴章、若島孔文、長谷川啓三（二〇一〇）短期に終結した事例から短期・家族療法のエッセンスを再考する試み．第二回日本ブリーフセラピー協会学術会議．

コラム

動機づけを高める面接とは

狐塚貴博

　人はある目的を遂げるために行動し、また同時にその行動はその目的にとっての意味を構成していくかもしれません。行動を目的に向けて生じさせ、持続する一連の過程や働きは動機づけと呼ばれています。身近な例を挙げると、夫が妻に日々優しく接するのも、小遣いをわずかでも上げてもらえるのではないかという目標に動機づけられた行動であるとも考えられます。面接場面でも同様に、クライアントがセラピストとの面接を問題解決にとって意味あるものと捉えることによる動機づけは成否を左右する重要なポイントでもあります。この点はブリーフセラピーにおいて重要視され、問題解決に向けたクライアントの動機づけは個人の内側だけにあるのでなく、セラピストとクライアントとの関係のあり方によって変わるものと考えられています。つまり、セラピストがクライアントをどのように見ているか、そしてどのような目標設定で面接を進めるかによってクライアントの動機づけを高めることができるか否かということが関連してくると考えるのです。この点、熟練したセラピストは実に巧みなコミュニケーションを通して、ごく自然にクライアントの動機づけを高め、それを維持していることに驚かされます。さて、この点を説明するために、ある事例の概要を紹介したいと思います。

ある二〇代の息子の怠惰な生活を問題とする母親が親子で来談しました。いわば息子は連れてこられた人です。面接は親子の合同面接から始め、母親は息子の昼夜逆転の生活や何もしないで家にいる〝怠惰な息子〟であることを訴え、息子は母親の訴えに対して特に否定せずうつむいていました。そのセラピストは一通り母親の話を聴いた後、息子のみと個別面接を行いました。息子はパソコンゲームに熱中し昼夜逆転の生活をしているなど、自身の怠惰な生活について話す一方で、興味のあるアルバイトを探したり、資格を取るために参考書を購入したことについても話しました。セラピストは息子の前向きな行動を賞賛し「今できることを少しずつ頑張っていますね」と伝え、〝努力している息子〟という見方で息子を見ているというメッセージを伝えました。さらに「せっかく努力しているのに、お母さんにその努力を認めてもらえないのはもったいない」と伝え、〝心配性な母親に認めてもらうために何ができるか〟というフレームで、息子のさらなる活動を促しながら面接を進めていきました。

このように、息子の活動を促進するためには、本人の意欲だけでなく〝母親の心配を低減する〟といった別な目的によっても動機づけを高めることができます。つまり、セラピストは〝怠惰な息子〟が何か活動するように促すのではなく、息子の輝く側面を取り上げ〝努力しているが母親に認められない息子〟とフレームすることで、動機づけを促進し維持することができたのです。このようにセラピストはいかに優れた介入課題をクライアントに伝えるかといった内容ばかりに焦点を当てるのではなく、面接の設定自体がどのようなメッセージをクライアントに与えているかにも着目することが重要です。そして、セラピストのこのようなものの見方は、本書の〝太陽の法則〟にも通ずるものでしょう。

第6章　シミュレーションから学ぶ（2）

今度は、家族面接設定のシミュレーションを行いたいと思います。私が娘に嫌われ、夫婦仲の悪い父親の役をやります。参加者の方からメインセラピスト、母親、高校一年生の娘それぞれの役の方を募りたいと思います。どなたかやりたい方お願いします。

6・1　家族面接設定でのシミュレーション（メインセラピスト――参加者E、母親――参加者F、娘――参加者G、父親――若島）

〈概要〉両親と高校一年生の娘の三人家族。娘がリストカットしていることに母親が気づき父親に報告して三人で来談した。この娘の問題に対して両親間で足並みが揃わずにいる。

メインセラピスト　よろしくお願いします。それでは、おかけください。今日はどういったことでこちらに来られましたでしょうか？

母親　娘がリストカットをしていて、一カ月ほど前から「やめなさいそんなこと」って言ってるんですけど、全然聞く耳もたなくて。なんか傷が増えているので、どうしたら良いのかと思っていて。夫に相談しても「死んでないから良いんじゃないか」って、あんまり心配していないような感じなんです。私だけがやきもきしているんじゃないかと。どうしたら良いのかと思って来ました。

メインセラピスト　リストカットをされてるということですが、娘さんは何歳ですか？

母親　高校一年生なんですけど。

メインセラピスト　一年生ですか。するとリストカットはいつぐらいからはじまっているんですか？

母親　見つけたのは一カ月くらい前なんですね。その前にもやってるようなことは言ってるんですけども。

メインセラピスト　ところで今日は、お母さんがお父さんと娘さんに声をかけられてこちらに来られたということでしょうか？

母親　そうですね。

メインセラピスト　ご家族はお父さんとお母さんと娘さんと他にはいらっしゃいますか？

母親　いえ、うちは三人家族です。

メインセラピスト　そうですか。では、お父さんにお訊きしたいんですが、今日はお母さんからどのように言われてこちらに来られて、どのようにお考えになっているか教えていただいてもよろしいですか？

父親　えーっと……娘の自傷というか、切ったりすることが続いてまして、それを何とかするために相談に行くということだったので皆で行ったほうが良いかなと思ったので。

メインセラピスト　お父さんは娘さんのこういう状況について、いつごろからご存知だったんですか？

父親　自分で切ってるとか、そういうのはよくわからなかったんですけれども、一カ月くらい前に妻から聞きました。

メインセラピスト　なるほど。今度は娘さんにお訊きしたいんですが、今日ここにね、お母さんとお父さんとここに来てくれたんだけれども、どのように言われてここに来たのかっていうのを教えてもらっても良いですか？

娘　お母さんが「来い」って言うからついて来ました。

メインセラピスト　お母さんから言われたとき、実際は来たいと思っていませんでしたか？

娘　別に来なくてもいいんじゃないかと……。

メインセラピスト　今日、お父さんとお母さんがあなたのことを心配して来ているんだけども、そのことについてはどう思っていますか？

娘　お母さんは心配しすぎだと思う。

メインセラピスト　心配しすぎ？　お父さんは？

娘　あんまりよくわからない。

メインセラピスト　何を考えているかわからないって感じかな？　お母さんが心配しすぎって今言ってくれたんだけど、どんなところから心配しすぎって思うのかな？

娘　お母さんはいつもうるさい。なんかいつも人の部屋に勝手に入ってきたり……。お父さんの帰りがいつも遅いから、（母親が）なんかいつもこっちにかまってくる。

メインセラピスト　かまってほしくないのにかまってくるということかな？　じゃあ、お父さんが何を考えているかわからないって言ってくれたけれど、実際にここに来てくれているることについてどう思う？

娘　お父さんもお母さんに来いって言われてついて来たんだと思う。

メインセラピスト　言われたからついて来たって感じかな。じゃあせっかくお父さんがいるから、お父さんにどう思っているか訊いてみようか？

父親　いや……まず自分で自分を傷つけるというのはやってはいけないと思います。もしも、ストレスとかがあるのであれば、話してもらえたら良いなと思います。

メインセラピスト　ストレスなどがあるならば話を聞きたいということですね。じゃあ今日ここに三人で来ていただいて、今日お話しさせてもらうんですけれども、どんなことがあれば今日ここに来て良かったなあと思えるでしょうか？（スターティング・クエスチョン）

母親　まずリストカットが気になるのでリストカットをやめてほしい。

メインセラピスト　じゃあお父さんは？

父親　私もそう思います。何か困っていることがあるならば、私でも良いし、妻でも良いので話してくれるようになったらと思います。

メインセラピスト　（娘に向けて）じゃあね、今、お話を聞かせてもらったんだけれども、どう思いますか？

娘　お父さんとお母さんがもっと普通の家みたいに仲良くなれば私もそういうことはしなくなると思う。

メインセラピスト　ほうほう。仲良くなればそういうことはしなくなるんだ。

娘　仲良くなくて、いつも喧嘩ばかりしているからイライラする。

メインセラピスト　喧嘩ばかり。家でお父さんとお母さんがしてるの？

娘　お父さんが帰ってくればお母さんは帰りが遅いって怒るし、お父さんは仕事だからしょうがないって怒るし、いつも喧嘩してる。

――ストップし、コメント――

若島　それでは、そこでストップしていただいて。E先生がとてもプロフェッショナルな家族セラピストでいらっしゃったので、とてもびっくりしてしまったのですが……。

参加者E　いえ、それほどではないですよ。

若島　いや、ものすごく上手いです。今回は家族面接の設定にしたので一対一の面接設定より難しくなっているはずです。「今日ここに来てどうなれば良いですか」とか、こういう質問を私はスターティング・クエスチョンと名付けています。これをかなりはやいタイミングでされる方もいますけれど、おそらくこの面接でベストなタイミングでもってきたのではないかと思います。すごいですよ。私、びっくりしました。ありがとうございました。

次の方もこれから続けていくということで、ハードルあがりましたね。次は女性の先生にお願いしましょうか。さっき冗談で「ハードルあがりました」って言いましたけれども、現在のところはどのようにでも進めるような感じに進んできていますので、やりやすいと思いますよ。

6・2 介入課題に導くまで（メインセラピスト——参加者H、母親——参加者F、娘——参加者G、父親——若島）

メインセラピスト　今、娘さんのほうからね、お父さんとお母さんが仲良くしてくれたらね、自分のイライラもなくなってリストカットも止められるんじゃないかと。そのことについてどう思いますか?

父親　仲の悪さということに関しては……、実際そうではないかと思いますね。どこの家でもあるというか、他のどこの家でも同じようなもんではないかと思いますけれど。

母親　そうですね。やっぱり帰りが遅かったときは「遅いでしょう」と言ってしまいますね。子どものリストカットのことについて話しても、「まあそのうち治るんじゃないか」って、聞いてもらえないんですよね。そうするとついつい……言い争いじゃないですけど、喧嘩のようになってしまうことはありますね。

メインセラピスト　お母さんがお父さんに相談しても、お父さんのほうがあまり真剣に聞いてくれないということですが、その辺のことについて、お父さんは今、お聞きになってどう感じますか？

父親　そうだと思います。まあ娘のリストカットについて聞いても……私が聞いてもどうしたら良いかもわからないし、私が「やめたほうが良い」と言ったからってやめるわけでもないだろうし。もっと悪くなったり……うつの人に「頑張れ」って言っちゃいけないって、そういうことも言われてるじゃないですか。だから、こういう場合も下手に言ってもっと悪くなったらどうしようとか。そんなことを考えてしまってなかなか関われていない状況です。

メインセラピスト　それはそれですばらしいことですね。自分が口出しすることで娘さんが悪くなったらどうしようと心配されて、口出しは控えておこうということをお考えなんですね。

父親　そうです。

メインセラピスト　それはそれですばらしいと思うんですよ。それでお母さんのほうも娘さんのことをすごく心配して、どこに相談して良いかもわからない状態で、お父さんにね、ご相談されてすごく娘さんのことを想ってらっしゃる。娘さんは娘さんでご両親のことを心配して、その結果自分がイライラして、リストカットというかたちではありますけど、お父さんとお母さんが仲良くしてほしいという気持ちを表しているということで、たいへんすばらしいご家族だと思います。ただ、それが正しいというか良い結果につながる対処方法かというと、その……私もわからないんですけれども……。

母親　仕事が忙しいので娘のことはすべて私に任せきりというか。

メインセラピスト　ええ。

母親　そういう感じがすごくあったんですね、娘が小さいときから。そして今こうして思春期を過ぎて、たいへんなのに相談しても取り合ってもらえてないっていう気がすごくするんですね。

メインセラピスト　それはお父さんがどのようにしてくれたら解消されますか？

母親　それは、さっき言ったみたいにどうしたら良いかわからないとかじゃなくて、例えばちょっと話をしてみるだとか、そういうことをしてほしいんですね。そういうのも避けちゃっている気がするんですよ。怖いからって、何かあったら。そうじゃなくて、もう少し近くに歩み寄ってほしいと思います。

メインセラピスト　どうですか、お父さんはそのようにできそうですか？

父親　何か良い方法があればやってみようとは思います。

メインセラピスト　お母さんが今言われたのが、話をとりあえず聞いてほしいとのことでしたね。話を聞いてほしいというのは、お父さんが帰られるのが遅くても、話さえ聞いてくれたらかまわないっていうことですかね？

母親　（うなずく）

メインセラピスト　娘さんのためにもう少し時間を取ってくれればうれしいってことですよね。それはどうですかね。

父親　それは、時間を取れるときは取りたいと思います。

メインセラピスト　取れるときというのはどのような感じでしょう。毎日帰ってきてからというのは難しいですか？

父親　毎日といっても、かなり遅くなる日もあるので。そういうときはすごく待っていなきゃならないと思うので……それはちょっと申し訳ないと……。

メインセラピスト　なるほど。奥さんと娘さんを待たせるというのは申し訳ないと。それについてはどうですかね。一週間に何日かでもあればよいと思いますか？

母親　今までが皆無と言ってもよいくらいだったので。少しでも増えれば、私も言いたいことが言えると思います。

メインセラピスト　少し安心するかなと。なるほど、じゃあそれを一度ね、一週間のうち二日でも三日でも時間を取れる日に試してもらえればと思うんですけれども。どうでしょうか？

父親　それはやってみたいと思います。

メインセラピスト　娘さんはどうですかね。そういう感じでお父さんとお母さんが仲良くしてくれたら少しは気持ちが楽になりそうですか？

娘　はい、仲良くなってもらえれば良いかなと……。

メインセラピスト　少しは落ち着くかなと。

娘　はい。

メインセラピスト　という感じでどうでしょう。

――ストップし、コメント――

若島　終わっちゃいましたね（笑）。それで、今やっているのを見て感じたのですが、ブリーフセラピーをやっていらっしゃる先生ですよね？

メインセラピスト　はい。

若島　ここまでの介入が do something different だったんですよ。では、先ほどまで話していたように do more で上手く進めることができるかということを私と三谷先生で実演してみたいと思います。大丈夫かな。最初からはじめますよ。

6・3　新陰流モデルの実演

若島　これから私がセラピストと父親の二役をしますので。そんなことできるわけがないですね（笑）。どなたか先ほどまでの私のスタンスで、父親役をやっていただけないでしょうか？

参加者Ⅰ　お父さんですか？　わかりました！

若島　私と三谷先生が一緒に面接に入ったことはないですよね。

三谷　チームで一緒になったぐらいですね。

若島　二人で一緒に入るのははじめてですね。では私がメインで。話をいきなり振りますよ、私。無茶振りしますから。

三谷　お手柔らかにお願いします（笑）。

（メインセラピスト——若島、サブセラピスト——三谷、母親——参加者F、娘——参加者G、父親——参加者I）

メインセラピスト　どうも、こんにちは。今日はどうなさいましたでしょうか。少し概要を教えてください。

父親　実は娘のことなんですけど、ちょっと色々と問題がありまして、私のほうからは言いづらいんですけれど、リストカットをですね、娘がやってるっていうのを女房のほうから聞きまして。

メインセラピスト　リストカットされてる娘さんは……（母親役の人に手を差し出して）ご長女の方ですか？　（娘役の人を指して）次女の方ですか？

父親・母親・娘　（笑い）

サブセラピスト　どちらもお嬢さんかって正直私も思いまして、（母親役の人に手を差し出して）妹さんでいらっしゃいますか？

父親　（母親を指して）うちの女房です。（娘役の人を指して）で、長女です。

メインセラピスト　娘さんにお聞きして良いですか？　ご家族は三人家族ですか？

娘　三人家族です。

メインセラピスト　そうですか。今日お父さんが言っていたことで来られたと思うんですけど、そんな感じ？

娘　そうです。

メインセラピスト　切っちゃってんの？

娘　ちょっと。

メインセラピスト　どこを？

娘　手首。

メインセラピスト　手首。お母様からもゆっくりと話を聞きたいんですが、最初娘さんと話させていただいても良いですか？　親の前でしゃべりにくいこともあるかもしれないので、最初に聞きたいと思います。

〈父親役と母親役が席を離れる〉

——ストップし、コメント——

若島　私は家族設定で面接をやるときは、必ずこのようにやります。なぜなら、三人でやっていくっていうのは効率が悪いです。子どもさんが来ているときは子どもさんだけ、まずは個別でやります。ただし、世代間境界とか、そういうことを重視するのであれば、親から話を聞いたほうが良いかもしれません。つまり、子どもさんより親に力をもたせるとかそういうことを考えている場合であれば親から聞くっていうのも一つの方法だと思います。どちらを選択しても良いですけど、ブリーフにするためには、個別面接と合同面接を組み合わせることも重要です。

メインセラピスト　（娘役に向き直って）それで、これ切っちゃうってことだけど、それはやめたいの？

娘　やめたい。

メインセラピスト　やめたい？　ほんとに？　やめたいと思ったことはこれまではあるかな？

娘　あるけど、イライラするから切っちゃう。

メインセラピスト　イライラすると切っちゃうの？　イライラしなくなって、できれば切りたくないというふうに思ってるの？

娘　やめられるなら。

サブセラピスト　これまでやめようと思ってどんなことをやってきましたか？

娘　やめようと思って？　特に何も……。

メインセラピスト　できればやめたいって気持ちはあるんだね。それで、今からやめようと思ってやめるとしますよね。お父さんとお母さんが今日来てくれてるけど、役に立つことあるかな？　もしあったら伝えるよ。

娘　うーん、お父さんとお母さんの仲があんまり良くないから、いつも喧嘩ばっかりしているから、イライラしちゃう。

メインセラピスト　お父さんとお母さんのことを結構心配してるの？

娘　昔は仲が良かったから。

メインセラピスト　どのくらい仲が良かったの？

娘　結構ね。

メインセラピスト　チューとかしてたのかな？

娘　手をつないだり……。

メインセラピスト　仲が良い感じで、そういう感じだと良いわけね。あんまりイライラしないのね。

娘　そういう感じに戻ってくれれば良いかな。

メインセラピスト　そうなんだ。わかりました。夫婦喧嘩は犬も食わないという言葉があるよね。夫婦喧嘩は亀も食わないと、今時だとそう言われていますけれど。

サブセラピスト　すいません、ツッコミが思いつかないです！（笑）。

メインセラピスト　でも子どもから見るとさ、両親って仲が悪く見えていたりするけど、意外と仲が良かったりとか、そういうさ、見えないところってあると思うんだよね。一般的にね。だから、本当に仲が悪いかはお父さんとお母さんに聞いてみないとね。それで、これから探りを入れてみようと思うんだけど、娘さんがそういうことを心配しているってことは伝えても大丈夫？

娘　大丈夫です。

メインセラピスト　後から何か言われたりしない？　ま、しないよね、親のことを心配してるわけだから。とても良い娘さんだと思いますよ。

娘　はい（笑顔）。

メインセラピスト　じゃ、ご両親と話したいんでちょっと待っててください。

〈娘が席を立ち別室へ、両親が席につく〉

メインセラピスト　どうもお待たせしました。娘さんと話してみました。娘さんは自分でやめたいとちゃんと思ってらっしゃる。だからおそらく、「やめなさい」とか「やっちゃダメだ」とか言わなくても大丈夫かなと思ったんですけれど、これまでそういうことを言ったことありますか?

母親　あります。やっぱり見つけた時は「やめなさい」って。

メインセラピスト　そうですか。おそらくそういうことを娘さんはよく理解していて、だからやめなきゃいけないというようには思ってるけど、どうしてもイライラしてしまうようです。なんか、癖みたいな感じで切ってしまう、そういう感じになってしまうみたいなんです。それで、娘さんに「心配事ある?」って訊いたら、とてもご両親想いの娘さんなんだということがわかりました。それというのもご両親が……あっ本当のところはどうかはわかりません、娘さんから見てなんですけど、「昔はすごく仲が良くて、今は昔ほどではない」と言っていたんです。そういう様子をちょっと心配したりとかしてて、それが不安だと言っていました。とても親想いの娘さんですね。昔からそうだったんですか?

父親　うちの娘はですね、昔から私にはあんまりはっきりしたことを言わないんですけど、私たちのことは考えていますね。それはすごく感じます。

母親　言葉に出して言うわけではないんですけど、やっぱりことあるごとに私たちを見ているなということは感じますね。私たちのことをよく見ていて何か感じているんでしょうかね。

サブセラピスト　あんまり言葉にはしないけれども、そんな考えをおもちのお嬢さんということですね。以前は仲むつまじいご夫婦ですごく愛情溢れるご家庭だったということを娘さんも語っていて、そういう家庭をもう一度取り戻してほしいってそういう思いがあるみたいですね。すごくご両親想いのお嬢さんでこんなに素晴らしいお嬢さん、なかなかいないですよ。そんな素晴らしいお嬢さんに、どのようにしてお父様やお母様がお育てになったのか、その秘訣をぜひ教えていただきたいです。何を食べさせてきたんですか？

母親　いや、好き嫌いなく食べて育ってくれました。好き嫌いはないですね。だから作ったものはもう全部食べてくれましたね。

メインセラピスト　お母様とお父様にはこういう方針でとか、このように育ててとか、そういったことで意識されていたことはあるんですか？

母親　やさしい子であればなと。

メインセラピスト　そうですか、そうですか。お父様はいかがですか？

父親　一人娘なので……やっぱり男の子じゃないから父親だと色々とすごく複雑なんですよね。声だってかけやすくはないですし、特に今の年の頃にもなると。ただ、子どもの頃から言ってきたのは「人に対しての礼儀を身につけなさい」とか「優しい心を忘れちゃいけない」とか、そういうことを伝えてきたつもりですね。なので、女房からリストカットをやってるって聞いて、正直もうびっくりして。かといって私に何かできるかっていうと、何をすれば良いのかわからないっていうのが正直なところです。

メインセラピスト　親同士よりも子どもさんのほうが夫婦仲に対して過敏というか、心配を余計にすることって結構一般的なことだと思うんですけれど、娘さんはどんなやりとりを見てお父様とお母様の仲が悪いんじゃないかって考えてしまっているんだと思いますか？

父親　私が思う限りはなんですけど、私は会社勤めしていて帰りが遅いんですね。それで、結局、家に帰ってくるのが一〇時とか一一時くらいになってしまって。それまで女房が起きていてくれるんですけど。

メインセラピスト　起きていてくださるんですか？　すごいですね。

父親　そうなんですよ。結局、私も家に帰ってから食事とかをするので、うちの女房が起きていてくれて。ただやっぱりこう、女房は女房でうちの娘のこととか、話したいっていていうのはわかるんです。ただ、私も毎日一〇時とか一一時とかに帰ってくるような生活なんで、帰ってきてから話を聴く余裕がないというか……「疲れてるんだから、後にしてくれねーか」みたいな感じで。そうすると、喧嘩になってしまうというか、そういうことはありますね。

メインセラピスト　今お話をうかがった感じですと、娘さんに関するご相談を聴くことはなかなか難しいけれども、できる限りそういう話を聴いてあげたりしたほうが良いとか、そのように反省されてる感じなんですね。お父様はそう思ってらっしゃるご様子ですが、お母様はここまで聞かれてどうですか？

母親　そうですね。遅いと私のほうも疲れちゃってますので、ついつい喧嘩腰になっちゃうんですよね。「お疲れ様」って感じじゃなくて。ただ、主人の話を聞いていて、そんなことを思っていてくれたんだなって。ただやっぱり、実際に会話がもてないっていうのは、ついつい声を荒げてしまう理由なんですよね。

サブセラピスト　即座にお父様の気持ちを汲んでですね、理解を示されているっていうその姿が非常に共感的と言いますか、お父様に対する理解がある素敵なお母様だなと思いました。帰ってくるまで待っていらっしゃるっていうのも素晴らしいですよね。私の妻は帰ってきたら寝ちゃってることが多いんですけれど。

メインセラピスト　娘さんに先ほど聞いたんですが、「昔は手をつないだりしてたのを見たのに、最近は手をつないでいるところを見ない」と言っていましたよ。子どもさんってそういう単純なところで、ご両親の関係とかを判断していたりして、可愛らしいところなんですが。そんな感じのことを言っていましたけど、最近は手をつながないんですか？

父親　いやー、ここのところ……そうですね、覚えてないぐらいですね。なんかいつの間にか。言われてみれば、以前は手をつないでいたと思うんですね。

サブセラピスト　そのときは、どちらからつないでいたんですかね？　手を。

父親　私のほうから。

サブセラピスト　あーそうですか。旦那様はジェントルマンですね、なかなか。

父親　いえいえ。女房とは友だちみたいな感覚があったので、手をつなぐっていう抵抗感がなかったんですけど。ここのところを考えてみると、そういう感覚がなくなってしまったなって。

サブセラピスト　奥様としては、例えば旦那様からすっと手を差し伸べてくれたりすることがあったら、いかがでしょうかね。仮にあったとしたら。

母親　そうですね、昔に帰れますかね？（笑）ちょっとイメージが湧かないですけれど。でも、今、話を聞いて「この人ってこんなことを考えてたんだ」っていうことが少しわかったので、手を伸ばしてくれたら、助かるんじゃないかなって思います。

メインセラピスト　半分冗談なんですけど、これで娘さんをこの部屋に戻して話をして、「じゃあ面接を終わりにします」ってこの部屋を出るときに手をつないで行ったら面白いですね。娘さんはたぶんびっくりするでしょうね。もしそんなことが起こったら、私と三谷先生も手をつないで部屋を出て行きましょうか（笑）。

母親・父親　（笑い）

メインセラピスト　娘さんは優しいから夫婦仲のことも心配していると思いますし、実際に自分を傷つけていますしね。そういう親想いの娘さんに対して、つまり、親のことを思って心配してくれて行動してくれたときに返してあげる言葉とかあるのでしょうか。お父様は夜遅いから難しいかもしれませんけど、お母様からはどうでしょう？

母親　心配されたときとかはやっぱり、「ありがとうね」っていう言葉はかけてますけど。

メインセラピスト　お父様はそういう、まぁ最近は難しかったかもしれませんけど、土日とかそういう時間があるときにでも、娘さんの親想いの行動であったり、優しさを示す行動であったり、お父様自身じゃなくていいですよ、お母様に対してであったり、他の人に対してであったり、そういうの見たことありますか？　気づいてますか？

父親　そうですね、週末は基本的に家にはいるんですけど、やっぱり日頃仕事で遅いから、結局寝てることが多いんですね。だから女房と娘のそういうところってあんまり見たことがないですね。ただ……全く見たことがないということでもないので。ただやっぱり疲れのほうが激しくて、結局そういうのも忘れていたっていう感じですね。

メインセラピスト 今はそういう忙しい時期でもあるでしょうから、そういう場面を見る機会がないのも、それは仕方がないだろうと思います。今は手首を切るとか、そういう問題があったりするので、どうしても心配になると思うのですけど、「やめたほうが良いよ」とかそういう言葉もどうしても出てくるにせよ、それ以外のやりとりはどんな感じなんでしょうか？ あるいは、今日ここでお話をする前にお母さんや娘さんとどんなやりとりをしていたんですか？

母親 そうですね、ごくごく普通の会話です。ここに向かうまでの道のりでの会話では特に変わらない。やっぱり、リストカットをはじめてから娘を叱る回数が多くなってしまったかなっていう……。

メインセラピスト 叱るときはゲンコツでとか。

母親 いや（笑）、女の子ですし、言葉で、ですね。

メインセラピスト お母様は手首を切ってしまうという問題が起こる前と起こった後との違いにとてもよくお気づきなんだなと思うんですけど、どうでしょうか。例えば、その問題がなかったとしますよね。そうすると、以前のようなコミュニケーションというか、そういう感じに夫婦はなりますよね、きっと。

母親　そうですね。

――ストップし、コメント――

若島　ここで一回ストップします。ここまでのところで質問があれば答えます。消化不良のところがあれば一旦解消したいなと。さて、ブリーフ・セラピストが介入というものをどのように考えているかというと、**面接中のコミュニケーションすべてが介入だと考えています**。つまり、質問することも、うなずくことも、すべてが介入だと思っています。介入といってよく思い浮かべるのはいわゆる介入課題がイメージされるのではないでしょうか。もちろん、課題を出すことも介入の一部ではありますけれど、それだけではありません。リフレーミングも介入ですし、もちろんコンプリメントも介入ですし、すべてが介入だと思います。質問がなければ続きをやりましょうか。あと五分で終わります。

〈娘を入室させて、家族合同面接〉

メインセラピスト　いやー、お待たせしました。ご両親と話している間、向こうで何か考えてたりしてた？「何言われているんだろう」とか「悪口言われてるんじゃないだろうか」とか、考えてたんじゃない？

娘　ちょっと心配でした。

メインセラピスト　どんな悪口言われてたと思う？

娘　全部言われてるんじゃないかと思った。

メインセラピスト　全部って何？　そんなに悪いことといっぱいやってるの？

娘　やってないです（笑）。

メインセラピスト　いやいや、ご両親のことを心配してくれる、とても優しい娘さんですねとご両親にはお伝えしました。そしたら、すごいですよ。ご両親は、娘さんがいろんな人に優しかったり親想いだったりすることをちゃんとわかっていらっしゃったんですよ。もしかしたら気づかなかったかもしれないけど、この機会にそういうことがわかってどうかな？

娘　ちょっと嬉しい（笑顔）。

メインセラピスト　そうやって娘のことを見ててくれたんだよ。お父さんなんか、仕事ばっかりしてると思いきや。びっくりじゃないですか。

娘　びっくりしました。

メインセラピスト　「びっくり！」と言ってください、お父さんに。

娘　びっくり！（笑）

メインセラピスト　冗談です（笑）、すみません。今日お話をしていて、とても優しい気持ちをもった娘さんだというのがわかりました。もう一つわかったことがあります。そういう娘さんを育てられたのはご両親だということです。

サブセラピスト　そうですね、お嬢さんのことをしっかり見ているご両親と、ご両親のことを思いやることのできる優しいお嬢さん、この三人の組織力というか、すごいですよね。私がご両親とお話ししているなかで奥様を立てるジェントルマンな旦那様と前に立って積極的に頑張っていらっしゃる奥様というイメージが思い浮かんだんですけれど、娘さんから見てこういうイメージって当たっていると思いますか？

娘　昔から、そうですね。

サブセラピスト　そういうお父さんお母さんって、好きですか？

メインセラピスト　ダディのこと好きですか？

娘　いやいや（笑）、うーん、そうですね。昔みたいだったら良いなと。

メインセラピスト　あ、それについても聞いといたよ。手をつなぐときってお父さんからお母さんに手を出してたらしいよ。お父さんがリードしてたみたいだね。そんなこと知らなかったでしょ。

娘　知らなかったです。

メインセラピスト　最近は全然手をつないでなかったみたいだけど、別に今日帰るときからでも手をつなげるムードでしたよ、私の印象では。ご両親と話しているときの印象ってそんな感じだったけど、お父さんとお母さんの仲が悪くて心配していた気持ちは、少しくらい取れたかな？

娘　思ってたよりも、そこまで仲が悪くなかったのかなと。

サブセラピスト　その心配が、ここに来たときが一〇〇点だとしたら、今はどのくらいまで下がりました？

娘　心配……六〇点くらい。

メインセラピスト　それはすごいね！　でもね、あんまり心配が下がっちゃうと、お父さんお母さんはさみしいんじゃないかな。心配しちゃうっていうことは、それだけお父さんとお母さんのことを考えてくれているってことだからさ。心配が六〇点？　いやー、低くなり過ぎかな。娘さんがお父様とお母様のこと気にかけてくれなくなっちゃったら、ご両親はさみしいですよね？

父親　やっぱりさみしいですね。全く気にかけてもらえないっていうのはやっぱり……娘ですから、口に出してって言えないですけど、やっぱりさみしいですよね。

メインセラピスト　お母様はどうですか？

母親　そうですね、全く向こう向かれてしまったらちょっと、そうですよね。

メインセラピスト　ですよね。今は高校一年生ですけど、きっとこれからそういう心配の気持ちがどんどん減っていってしまうことになるかもしれませんね。彼氏とか連れて来たりとか。あ、今、新たな問題を作りそうになりました（笑）。まあそういうことなんだと思います。それで、今日はお時間なんですけど、どうでしょう、これで終わっても大丈夫そうですか？

父親・母親・娘　（うなずく）

6・4　解説と質疑応答

若島　これで終わりです。実際のケースであってもおそらくこのように進めます。見ていて気づかれたかもしれませんが、介入課題のようなかたちをあまりとりませんでした。今の状態で上手くいっている側面をピックアップしてそれを返して、ということをやってきたわけです。こういう機会、つまり研修会とかワークショップのようなときに、パラドックス（逆説介入）とか出すとウケがいいんですよ、「わーすごいな！」ってインパクトがあるんですね。ただし、私はそういう介入をしなくとも充分に援助できると思うんです。三谷先生とははじめて一緒に面接をしたんですけれど、三谷先生のほうから何かありますか？　コンプリメントしやすいところをほとんどコンプリメントした後で、もうないだろうというところで話を振られるのでやりづらかったのではないでしょうか？

三谷　そういうことをひしひしと感じながら（笑）……。でも、何か返さねばと思いつつやりました。いざやってみると意外と出るものなんだなと思って。言ってみるものだと思いました。

若島　私がクライアント役をやったケースと同じ状況でしたけれども、シミュレーションに参加された方から何か感想や質問があればお願いします。

参加者E（家族面接一人目のメインセラピスト役）　今日はシミュレーションを見せていただき、たいへん勉強になりました。子どもから話を聞いて親のほうへという進め方についてなんですけれども、私自身同様の状況でのシミュレーションをやってみて難しさを肌で感じまして、誰に話を振っていけば良いのかという点と、焦点を定めずにコロコロと話を聞く人を変えていって良いのかという点についてお話しいただければと思いました。それともう一点、私自身、本などを読んでブリーフセラピーを勉強しているのですが、ブレイクをはさんだ後でのまとめ、do moreを伝えてみたりだとか、そういったやりとりが今回のシミュレーションでは見られませんでしたけれども、そうしたやりとりの必要性などについて教えていただければと思います。

若島　まずは二つ目の質問から先に答えさせていただきます。そうしたやりとりは、チームで面接に望み、ブレイクをはさんでいるのであれば毎回やります。今回はたまたまチーム形式の面接ではなかったので行いませんでしたが、まとめて返してあげるのが良いのであればその方法を採用します。イブ・リプチック（Lipchik, E., 2002）が実践している面接の内容の総括とコメント・介入課題をまとめたサメーション・メッセージ（summation message）を使用することもあります。**チームアプローチを採用してブレイクから帰ったときというのは、クライアントの側にも聞く態勢が整っていますよね、相手は「何を言うんだろう」と身構えている状況なわけです。こういうタイミングを利用することは有用だと思います。**

それで、一つ目の質問に関してなんですが、私のシミュレーションについて、インチキだ！とは思いませんでしたか？　「こんなことして良いの？」と思いましたよね。

参加者E　そうですね、思いました。

若島　そうです、しても良いんです。ブリーフセラピーは戦略的にクライアントを選びます。つまり、一人と面接をやるのか、三人とやるのか、お父さんだけとやるのか、こうした問題は自分が一番やりやすいようにやっていただければ良いわけです。E先生に先ほどやっていただいたのを見ていて、家族療法がとても上手い方だという印象を受けました。それはすべてのクライアントに対応して家族にジョイニングを行って、システムに上手く溶け込んでいっていたということです。これは非常に高度なテクニックなので、簡単にはできないことなんです。ただ、ブリーフセラピーにはそれが必要ないというのが大きな特徴だと思います。そうした高度な技術を使うには、気も使うし、時間も使うし、すごく頭を働かせることが要求されますが、はじめに少し話を聞いてみて誰と話を進めるかということを決断してしまえば、それでも面接は上手く進められるということなんです。やりやすいようにやっていただいてかまわないです。他の方にも聞いてみたいと思います。いかがでしょうか。

参加者H（家族面接二人目のメインセラピスト役）　今日参加させていただいて勉強になったのは、自分のなかでは介入を積極的にしていかなければならないという考えが強くありまして、若島先生のやり方を見せていただいて、これでここまで上手く進めることができるのかというのがわかって勉強になりました。あとは、自分がやりやすいように話を聞く人を決めて良いというのを聞いてすごく安心しました。

若島　do something differentで介入を出すことについて一つ問題があります。ベイトソンらの流れに位置づけられるMRIなどのコミュニケーション理論というのがありますね（参考として、若島・長谷川、二〇〇〇／若島、二〇〇一）。それは私自身の研究テーマにも関連していますし、重要視しています。コミュニケーションの変化について、私たちは直線的にはなかなか変化をさせることができないということがそうした理論のなかで述べられている、にもかかわらず、do something different課題はなぜ直線的なものの見方に基づいて処方されるのかというのが私の最大の疑問です。つまり、do something different課題が拠って立つ理論との間に矛盾があるということです。**直線的には変化をさせることが難しいという仮定が大枠にありながら、なぜ課題は「これをやってきてください」というように直線的に出されるのか。これを理論的な矛盾点だと考えているわけです。**だからといって、使ってはいけないということではないと思います。今のシミュレーションについてもdo something differentで説明しようと思えばそのような説明の仕方はできると思います。なぜならば、ご両親は娘がどのように何を考えているのかを聞いたことがないわけですから、それをこの場で聞かされていること自体がそれまでとは異なることになります。そういう意味ではdo something differentにもなっているし、意味づけが変わったという側面に着目すればリフレーミングにもなっているわけです。

家族合同設定の良いところというのは、こういうことが容易にできるってことなんです。並行面接と合同面接の両方を使用すればすごく簡単です。「さっきご両親があなたのことをほめてたよ」と言えば良いのです。「娘からはそう見えないかもしれないけど、ああ見えてお父さんとお母さんはけっこう仲が良いみたいだね」と伝えることもできます。こうしたことが家族療法のメリットなので、並行面接を利用するほうが効率的です。

さて、クライアント役をやってくださった方にも聞いてみましょうか。緊張したと思いますが、娘さんとして面接を受けながらどのようなお気持ちになったでしょうか、ぜひ聞かせてください。言われたことで傷ついたということはありませんでしたか?

参加者G（娘役）　最初は家族三人で面接をして、途中から一人で話す時間があったんですけれども、一人での時間のほうが話しやすかったです。傷ついたことはなかったです。

若島　お母さんのお立場からはどうでしょうか、傷ついたりしたことはありませんでしたか?

参加者F（母親役）　娘役が本当の娘だったので変な感じだったのですが、演技しつつやりました。やはり三人のときよりも親だけで話すほうが話しやすいというのは感じました。娘がいるとどうしても遠慮してしまう部分があったので。

若島　お父さんのお立場からはどう感じられたでしょうか？

参加者Ｉ（父親役）　娘のリストカットが問題ということなんですけれども、質問を通じてぐちゃぐちゃになった日常生活が整理されていくような、例えば夫婦仲の悪さのような問題があのように質問されることで客観的に見ることができるようになり、言葉にしていくことで整理されていく。良い役をやらせていただいたと思います。家族三人で面接するときと、夫婦だけで面接するときっていうのは、やはり三人で面接しているときのほうがいろいろと複雑なんだなということを感じました。父親という役割にあって、娘がいると言いたいことがそのまま言えないというか、いろいろと気を使ってしまうこともあるのですが、夫婦だけだと比較的気楽に話ができるというのが体験できました。

若島　ありがとうございました。他の方からはいかがでしょうか。

参加者Ｊ　私は学校現場にいるのですけれど、今のケースはリストカットでしたけれども、今回のクライアントの方とは違い面接の場に来られないであるとか、来たとしても本人が何でそのようなことをしているかについて言えなかったりわからなかったりすることがたくさんあると思うのですが、そのような場合はどのように進めていかれるのかをお聞きしたいです。

若島　つまり本人が来ていない場合のことについてですよね。実は私自身、本人が来談したケースというのをほとんどやりません。今年は二ケースか三ケースといったところでしょうか。つまり本人が来ない状況でやるのが一般的だということです。二種類のケースを比較すれば、本人が来談してくれたケースのほうが変化を導入するのが容易だと言えるでしょう。なぜなら、本人が来談してくれた場合その場で本人を笑わせて、「君はスゲーな！」ということを伝えられれば本人が元気になってくれますから、本人が来てくれれば少しやりやすくなります。やりやすくなるというか、いろいろなことができるというほうが適切でしょうか。それに対して本人が来られなかった場合ですが、直接本人に働きかけることができない。そういうときのやり方について、今からコンサルテーション面接をいたします。よろしいでしょうか。実際のケースですので個人を特定できるような情報は言わないでいただいて、今どのようなことでお困りなのかを、面接形式でうかがってもよろしいでしょうか。

6・5　コンサルテーション面接

参加者J　二学期に入って一日も学校に来ていないお子さんで、親御さんも困り果てていろいろなところに相談していて、私のところにも来ているという状況です。私は中学校の相談室の相談員という立場で学校におります。

若島　相談員をしていらっしゃるJ先生のところにお母様が不登校の娘のことで相談にいらしているということでよろしいでしょうか。今現在お母様に対してはどのようにアプローチをされているのか、これは上手くいったなというアプローチがあれば教えていただきたいのですが。

参加者J　来談されたら一時間半くらい話していかれるのですが、「気持ちが楽になった」って言っていただけるだけで、それしかできないのかなとも思うのです。中学一年生の娘さんは真面目なタイプでポキッと折れてしまったのではないかとお母さんは思っているのですが、娘さんはお母さんに対して大声で泣いたりとか、感情的になることがあるようです。そういうところを見ていて、近所に暮らしている祖父母も「そうやって甘やかしている母親が変わるまでは学校に行けないんじゃないか」と考えていて、お母様はそういったことにも苦しんでいるようです。このように一生懸命寄りそってはいるようなのですが、お父様について気になるところもあります。お父様について、当初は協力的であるような感じで聞いていたのですが、お父様の話をあらためて聞こうとしたときにお母様が苦しい表情をされて、「無理にお話しいただかなくても結構ですよ」となだめたこともあったので、もしかするとそのあたりに問題があるのかなと考えています。

若島 わかりました。まず一つは、不登校の問題というのは家族の問題ではないと思います。つまり、お母様の問題でも、お父様の問題でも、おじい様、おばあ様の問題でもない。不登校の問題というのはお子さんの学校での対人関係の問題だと私は思っています。友人と関係が上手くいかないとかグループに入れないとか引っ込み思案だとか……いろいろなことで。あるいは、勉強などのなんらかの面で学校生活をおくることに難しさを感じているとか、そういうことによって不登校になってしまう。私は不登校という問題を一〇〇％そういうものだと思っています。**家族がこうやっているから、こういう家族だから子どもが不登校になっているとか、そういうことはありません。**つまり、本当に家族が嫌なのであれば、そんな家にいないで学校へ行ってしまったほうがよっぽどマシだと思うんですね。原因ではないということを念頭においたうえで、それでもこのケースの場合ではお母様が娘さんに寄りそってあげているわけですが、それは先生から見て上手くいっていそうですか？　子どもはそれによって元気になっているのでしょうか。

参加者J　夜になると子どもの気分が落ち込むと言っておられたのはずいぶん減ってきているように感じますし、一人で留守番をしていると気分が落ち込むことを子ども本人が自覚して、近所に住む祖父母宅に行くという方法を自分で見つけたようです。なので、随分と安定してきたのではないかなと思います。

若島　祖父母の世代からすると学校へ行っていないという状況に対して厳しく言ってしまいたくなりそうなものですけれども、祖父母のところへ行って気持ちを落ち着けているというのは意外なことですね。娘さんが祖父母のところに行っていることや、それによって娘の気持ちが落ち着いていることをお母様は理解されているわけですよね。

参加者J　そうです。

若島　そのように娘さんが落ち着けていることも含めて、お母様自身の元気というのはどのように変わってきているのでしょうか。

参加者J　少しずつ良くなっていると思います。お母様が最初に来談されてから一カ月なのですが、そんなにいろいろなところで同じことを話さなくてもいいんじゃないかと思うくらいあちこちで相談されていたのが、段々落ち着いてきたと感じます。

若島　そうですか、お母様も落ち着いてきたし、娘さんもそれで安定することができるようになってきているということですね。それで、J先生としては「このままこれを続けていって良いのか」「お父様を面接に引っ張ってきたりなど、何か違うことをやったほうが良いのか」ということをお考えなんですね。

参加者J はい。まずは、本人に会えたら良いなと思っています。私はもちろんですが担任も会えないような状態です。本人にはいっさい関われないで、お母様とだけこのように面談していて、今はお母様が元気になることが一番だと思ってやっているのですが、それで本当に良いものかどうか……。

若島 学校のプリントなどを渡しに行ったりとか、そのようなことでも担任の先生が関われない状況なのでしょうか？

参加者J 担任が行っても本人が出てこない状況のようで、今はお母様が学校まで取りに来ているようです。それで、私の存在なんかもお母様から本人に伝えてもらっているのですが、「カウンセリングなんて私には関係ない！」と言って暴れてしまうということでした。

若島 担任の先生から娘さんに伝えたいこととして、何かわかっていることはありますか？

参加者J あると思うのですが、若い男性で少し自信がないというか。クラスが落ち着かないような状況があって……。

若島 その担任の先生をJ先生のお立場から元気づけるような方法って何かありますか？

参加者J　今は何もできていないです。なので、どうしようかと思って。

若島　私が思うのは、今このケースはおそらく前に進んでいるということです。たった一カ月の間で。不登校のお子さんが学校に戻る時期として一カ月前後というのは一番難しい時期だと思うんですね。つまり、今は不登校になりたてでこれをすぐに学校に戻すことは難しいと思うんですけれど、今から何日か経って、例えば学期末に入って授業時間が短くなるとか、そういうタイミングを使って、先生からメッセージを送ってもらうとか、そういうやり方も効果的かもしれません。今、一カ月という時期にこれ以上のことが何かできるとすれば、自信がないという担任の先生にちょっと自信をつけてあげるような、またそういうエピソードなりをピックアップできれば担任の先生自身もいろいろ考えられて、行動に移す際には相談員のJ先生と相談していっしょに行動を起こすとか、そういうことができるかもしれないと思います。

参加者J　他の相談機関の方から、「お母さん、これは長期戦になるよ！」と言われてしまったことがすごくショックだったとお母様がまさに昨日おっしゃっていて、「私が関わったケースでは、短い期間で学校へ行くようになった子がいます」ということを伝えてあるのですが。

若島　この子は中学一年生で夏休み明けから学校へ行っていないのですよね。私の経験では、この一カ月というのうちに、娘さんが元気になる方法を聞いてお母様自身を元気づける、これは現在できることのうちで最良というか、こうした働きかけによってすでに変化が起きていると思います。すぐに学校へ連れて行こうと思ってもすぐにまた行けなくなってしまったり、何回も同じことの繰り返しを経験することになってしまいかねないので、今不登校の子どもさんにできることとしてはこれで充分だと考えますけれども、もう少し何かやりたいでしょうか。

参加者J いえ、さっきのリストカットの例にしても、「夫婦仲が」っていうことを子どもがスッと言ってくれていたので話が進めやすいけれども、そうでないときはたくさんあると思うので、そのようなときにどのように進めていけば良いのかなと思いまして。

若島 先ほどのリストカットの例にしても、もしかすると「夫婦仲」が原因ではないのではと私は考えております。単に、そういうところが改善すれば彼女が元気になるだろうということは考えられますが、彼女が自分の身体を傷つけているのは、切りたいから切っているんじゃないでしょうか。

参加者J そういった流れでやっているということですね。

若島 ええ、そうです。「何で切っているの?」と訊いて、「○○だから」と言っていたことをストップさせても、切るのをやめるとは限りません。ある種、癖のようなものですから。私はそのように思います。

参加者Ｊ　ありがとうございました。

――コンサルテーション終了――

若島　皆様も同じように考えられますよね？　たった一カ月という期間でとても大きな変化が起こったとしても、たぶんあまり良い傾向ではないし成功しないと思いますので、Ｊ先生のやり方が今できる最善だと思います。私がやっても同じようなやり方をします。先ほどの原因に関する話ですが、本人がリストカットを止めるにあたって、夫婦仲が良いことや親が子どものことをよく見ていてくれることが少しでも手助けになってくれればと思っているだけなんです。でも、おそらく変化は起こるでしょう。先ほど行ったケースが実際のケースでしたら、次のセッションまで自傷行為をしない可能性が高いと思います、一回もです。このような可能性が高いので、次のセッションでは go slow をこころがけます。「頑張りすぎだよ。とてもたいへんだったでしょ。イライラするときもあって良いんだからね」と言います。切って良いとは言わないほうが良いですが。「物を投げたりとかそういうことだったらしても良いよ」と言っておくと、このケースは次も面接に来やすいですね。ブリーフセラピーは原因を追究しないというところに特徴があります。小野直広先生が説明されていたことによれば、「現在の状態というのは、河口のようなものである。つまり、上流へとたどって行ってみたところで、本流に流れる水は血管のようにさまざまに枝分かれしたところからやってきているので、そもそもの原因なんて突き止めようがない」と、このようにおっしゃっていました。これが一つ。私は更にこうも思います。最初に切ったときにはある特定のきっかけがあったかもしれませんが、〝切る〟という行為によって違う動機、違うシステムが生まれるのではないか。

これから示す例えは以前私の著書（若島、二〇一〇）に書いたことがありますが、私が中学生で、しかもほとんど勉強なんてしない生徒だったとしましょう。明日試験だというのに遊び呆けています。私が友人の一人にこう言ったとします。「明日試験だけど勉強なんてしないよな？」これに対して「そんなのしないしない！」と友人は答えました。試験期間が終わって答案が返ってきたとき、友人の答案をのぞきこむと自分の何倍も点数が良かった。「やられた」と思いますよね。「次はだまされないように勉強してやろう」とこう思って勉強しはじめたとします。これがきっかけ（原因）です。しかしながら、以前良い点数を取れなかった私が勉強の結果として良い点数を取れたとします。そうすると私は以前とは異なる動機、異なるシステムによって動き出す可能性が高いわけです。例えば「以前はビリのほうだったのに真ん中ぐらいまで来た。この順位を落としたくないな」、このように思うかもしれないし、「こんなもんでここまで成績って上がるんだ、だったら続けよう」と思うかもしれません。このケースにおいては友人にだまされたことがきっかけで勉強をはじめましたけれども、それ以降続けている動機は以前とはまったく別のものです。このような感じです。私たちは〝きっかけ〟に着目しがちです。「いつから学校に行かなくなって、そのとき何かあったんですか?」と。これを聞いても良いのです。そのようなきっかけというのが重要なことももちろんあります。けれども、それによって今のシステムができあがっているという考え方、それは違うと思います。今のシステムは新しく生まれた、以前とは別の何かによって動き続けている、そのような感じだと思います。そのように見ていくんです。だから、原因探しというのはあまり重要視されないということです。

えー、時間になりましたので、ブチッと切るような感じになってしまいましたけれどもこれで終わりです(笑)。皆様ご清聴ありがとうございました。あと、突然の指名にもかかわらず前に出てシミュレーションに参加してくださった先生方に感謝いたします。ありがとうございました。

6・6　さいごに

以上は二〇一〇年一〇月二日に行われた日本ブリーフセラピー協会名古屋支部（短期療法を学ぶ会名古屋）におけるワン・デイ・ワークショップの記録をもとに加筆修正したものです。このワークショップで述べた考えこそが、私の中で最もアップデートされたブリーフセラピーの考え方と実践であるために、本書の執筆にあたり、こうした方法を採用しました。ここでの重要な考え方は以下の二点にまとめられます。

（1）拡張された例外概念として輝く側面と述べた特性や行動に対して do more する。

（2）問題自体をリフレーミング（輝く側面に変換）し、そこで行われていることを do more する。

前者は理論的にはわかりやすいですが、後者は一見、悪循環を do more しているように思われるのではないでしょうか。しかしながら、この方法によって、意味の循環が変わることで、問題がなくなる、あるいは軽減していくことを読者の皆様は経験することができるでしょう。輝く側面を do more する、そして問題をリフレーミングし、輝く側面として do more すること。これこそが本書で提示した新陰流モデルの方法です。

コラム

自傷行為に対するパラドックス介入の一例
――「その自傷、止めなくてもいいよ」

野口修司

ＩＰは当時、小学六年生の女の子でした。主訴は自傷行為です。はじめはＩＰの母親からの電話相談でした。ＩＰが自分の腕を小さく何カ所も噛んでしまい傷だらけになっているのでどうしたら良いかとのことでした。ＩＰ本人はカウンセラーに相談されるのは嫌だということなので、後日に母親のみとの面談を設定したのですが、直前になって本人も一緒に連れていくという連絡をもらい、親子そろっての面談となりました。当初、ＩＰは話をしたくないということで母親中心に話を聞いていたのですが、次第にＩＰ本人が話をしてくれるようになりました。ＩＰが自傷をしたくなるきっかけとして、①学校の委員会に関して他の委員が仕事をしなかったにもかかわらず、そのとばっちりを受けてしまったときに悔しくて自傷をしたくなること、②部活に関して自分が初心者であることから失敗も多く、周りから責められたときなどに孤独に感じることがあり、そんなときに悔しくて自傷をしたくなること、という二点が挙げられました。また、家での母子関係についてはIPが母親に悩みを相談することも多く、良好な関係が窺えました。そこでIPには「今は小さく噛んでいるような状態だけど、これからもっと大きな傷をつけたくなってしまう可能性がないとは言えないから心配だ」と伝えたうえで次回も面談をする約束を取り付けました。そして次回までに、①これから自傷をしたくなったときには無理に止めようとする必要はないから、その前に必ず母親にそのことを伝えること、②委員会の仕事に関して、母親から担当の先生に連絡をしてもらってIPが悔しい思いをしないように調整してもらうこと、③部活に関して、初心者として失敗は止むを得ないものなので、これからは少しでも早く部活に慣れるようにIPなりに頑張ってみてほしいこと、という三点についてお願いしました。二週間後に第二回面談を行いましたが前回の面談から自傷行為は一回のみで、それ以外は大丈夫だったとのことでした。学校の先生による委員会の調整もIPにとっては精神的な負担を低下させるものであり、部活の様子も以前に比べると随分と改善されたようでした。その後も二度ほどIPと面談をしましたが自傷が再発するような様子もなく、何かあった時にはまたいつでも相談に来てほしいと伝えたうえで終結となりました。

この事例のポイントは、①IPの自傷を心配しつつも無理に止めようとはせず、自傷をするためには母親に相談をしなければならないというパラドックス状況を作り出したこと（仮に自傷をしたくなって母親に伝えたとしても、この母親ならば自傷をさせずに話を聞いてあげることができるだろうという予測がありました)、②委員会の担当教員に連絡することで学内においてＩＰの状況に気を配れる味方を作ること、の二点だったと思います。

なお本事例においては自傷の程度が浅かったために緊急性は乏しいと判断して上記のような介入を行いましたが、当然ながら自傷の程度が深い場合には医療につなぐ等の緊急対応を行う必要があることを述べておきます。

コラム

発達に問題を抱えているスクールカウンセラーによる共感的親面接

吉田克彦

ある小学校での相談です。管理職から「トラブルを起こした男児に対して、指導の一環として、保護者を呼び、強制的にスクールカウンセラーと話すように促しました。あとは、スクールカウンセラーからお母さんに男児を病院に受診させるよう説得をしてほしい」という内容でした。

母親の話によると「就学時健診の際に、落ち着きのなさを指摘され、病院に行くように進められたのですが、薬をずっと飲み続けなければいけないかと思い、病院に行くのをやめました」とのことでした。面接中の会話で、障碍とか病院の話題が出るたびに顔をこわばらせるのが印象的でした。これまでの様子やトラブルの内容などを一通り聞いたうえで、次のようなやりとりをしました。

母親　やっぱり、うちの子がおかしいんでしょうかね。

セラピスト　（深くため息をつき）大変言いにくいことなのですが……（長い沈黙）

これを聞かれるとショックを受けられるかもしれません。正直に言うべきか言わないべきか迷っております。どうしよう……。（首をひねり、先ほどよりもさらに長い沈黙。その後、セラピストは天を仰ぎ、一人うなずき）いや、ここはハッキリ言わせてもらいます。ショックを受けたらすみません。

母親　（肩に力が入り、身体をこわばらせている）

セラピスト　実は……（再び沈黙、そして）私の子どもの頃にそっくりです。こんな大人になってしまうのかと大きなショックを受けられたと思いますが、言わずにいられませんでした。

母親　（急に肩の力が抜け、「プッ」っと吹き出して）先生、これまで誰にも話さず頑張ってきましたが、今日は先生に相談できて良かったです。

その後の面接では、トラブルの話題が出ると、その際の相互作用を丁寧に聴きとり、私流の共感的な介入を行いました。例えば、母親の叱責後の暴力というパターンについては、「あぁ、すごくよくわかります。そういうときって、親に言われる内容については重々承知なのですけど、素直になれないんですよねぇ。むしろ何も言われず放っておかれたほうが、本人にはこたえたりして」とコメントし、それ以降、母親は男児への干渉が減り、男児による母親への暴力は解消しました。

その後、母親から「病院にも行ったほうがいいのでしょうか」という相談があり、「お母様が決めていいですよ。どちらにするか迷っているのなら、病院に行くとどういう話が聞けて、どういう対応がされるのか、私のために、参考までに聞いてきてもらえますか」とコメントしました。

その後、学校でも家庭でも問題行動はほぼなくなりました。

あとがき

二〇一〇年秋から私の研究室では、家族再統合プロジェクトが開始されました。その一つは被虐待児とその保護者の家族再統合であり、宮城県中央児童相談所所長の協力を得て進められています。もう一つは、犯罪により刑務所に入った方の出所後の家族再統合です。これはNPO法人ワールド・オープン・ハートの協力のもと進められています。そのようなプロジェクトが進んでいる最中、それは本書をまとめていた最中でもありますが、二〇一一年三月一一日に東日本大震災が発生し、私と私の研究室ではさまざまな状況が一変しました。戦国の武将である山中鹿之助は「天は我に七難八苦を与え給え」と祈願したと言いますが、それは物語の中の話であり、東北の現実はまさに七難八苦となりました。

私の研究室・長谷川研究室のメンバー（浅井継悟さん、平泉　拓さん、望月このみさん、狐塚貴博さん）は三月二五日にNPO法人フェアトレード東北の協力を得て、石巻地区避難所で、さまざまな立場の方々から数チームで聞き取り調査を行い、その後、石巻地区だけでも二〇〇以上の避難所とその範囲および被災者の多さに無力な気持ちを得ながらも、長期的で実質的に役に立つ心理支援の方法について考えるために打ち合わせをしました。その結果、心理支援は必要とされているが、そのタイミングは今ではなく、これからであろうということ、より心理支援が必要な人々をピックアップする難しさなどから、長期的に援助可能な電話相談を入り口としたシステムを作ろうという話になりました。その場からNPO法人MCR家族支援センターの現理事長・末崎康裕さんに電話にて連絡し、そのプランの実現に向けた協力を得て、この構想は即座にスタートしました（河北新報「心のケア長期サポート　東北大学グループ、相談電話を開設」二〇一一年四月二二日、読売新聞「被災者の心　中長期にケア」二〇一一年四月二三日、日本経済新聞「被災地の明日を支える（4）心理士、大人の心ケア　避難所回り相談役に」二〇一一年五月五日）。現在では、NPOおよび行政の電話窓口との連携作業が進み、電話相談による支援は総合体になっていきそうです。

また、東北大学臨床心理相談室に対策室を設置し、私の研究室・長谷川研究室のメンバー（野口修司さん、板倉憲政さん）が情報収集および相談室スタッフの現地派遣作業をはじめました。この対策室の活動は三月一八日からスタートしました。

次に、私が以前勤めていた大学のゼミ生であったＯＧが気仙沼にて被災している旨の連絡を受けました。私の研究室・長谷川研究室のメンバー（野口修司さんを中心に）が物資を運ぶとともに、気仙沼地区に入りました。避難所での電話相談カードの配布、市会議員や自衛隊員との話し合いももたれました。気仙沼地区では私の研究室・長谷川研究室のメンバーで継続的な支援が開始されました。

ちょうど同じころ、海上保安庁第二管区から潜水士（水中での行方不明者の探索を行っている）を中心とした惨事ストレス対策の依頼が入りました。私が海上保安庁第三管区にて、特殊救難基地の惨事ストレス対策を数年間継続し担当してきたためこの依頼につながりました。第二管区の被災した職員との面接は私と狐塚貴博さんにてまずは対応することにしました。

そして、今後さらに多くの依頼が来ることでしょう。私たち東北大学のブリーフ・セラピストは東日本大震災における被災者のこころの支援活動に全力で取り組んでいきます。

本書を編集するにあたり長谷川研究室と私の研究室の以下の学部生・大学院生にご協力いた

だきました。佐藤未央さん、清水愛麗さん、古山杏加里さん、森川夏乃さん、赤川侑希さん、野平靖子さん、松本由衣さん、ありがとうございました。ここに記して感謝申し上げます。

二〇一一年五月八日

仙台にて　若島孔文

文献

Bateson, G. (1972) Steps to an Ecology of Mind. New York : Brockman.（佐藤良明 訳（二〇〇〇）精神の生態学．新思索社）

Deci, E.L. & Flaste, R. (1995) Why We Do What Do : The Dynamics of Personal Autonomy. New York : G.P. Putnam's Sons.（桜井茂男 監訳（一九九九）人を伸ばす力——内発と自律のすすめ．新曜社）

de Shazer, S. (1988) Clues : Investigating Solution in Brief Therapy. New York : W.W. Norton & Company.

de Shazer, S. (1991) Putting Difference to Work. New York : W.W. Norton & Company.（小森康永 訳（一九九四）ブリーフセラピーを読む．金剛出版）

長谷川啓三、若島孔文 編（二〇〇二）事例で学ぶ家族療法・短期療法・物語療法．金子書房．

生田倫子（二〇一一）ブリーフセラピーで切り抜ける対人トラブル即解決力．日総研．

Kirschenbaum, H. & Henderson, V.L. (Eds.) (1989) The Carl Rogers Reader. New York : Sterling Load Literistic Inc.（伊藤 博、村上正治 監訳（二〇〇一）ロジャーズ選集（上）——カウンセラーなら一度は読んでおきたい厳選33論文．誠信書房）

Lipchik, E. (2002) Beyond Technique in Solution-Focused Therapy. New York : The Guilford Press.（宮田敬一、窪田文子、河野梨香 監訳（二〇一〇）ブリーフセラピーの技法を越えて——情動と治療関係を活

用する解決志向アプローチ．金剛出版）

小野直広（一九九五）こころの相談――カウンセリングを超える新技法　誰もが使える、短期療法での解決策．日総研．

Rogers, C.R. (1957) The necessary and sufficient conditions of therapeutic personality change. Journal of Consulting Psychology, 21, 95-103.

清水　博（一九九六）生命知としての場の論理――柳生新陰流に見る共創の理．中公新書．

短期療法を学ぶ会 編（二〇〇二）追想集 小野直広先生（未公刊）．

若島孔文（二〇〇一）コミュニケーションの臨床心理学――臨床心理言語学への招待．北樹出版．

若島孔文（二〇一〇）家族療法プロフェッショナル・セミナー．金子書房．

若島孔文、生田倫子（二〇〇五）ブリーフセラピーの登龍門．アルテ．

若島孔文、生田倫子 編著（二〇〇八）ナラティヴ・セラピーの登竜門．アルテ．

若島孔文、長谷川啓三（二〇〇〇）よくわかる！短期療法ガイドブック．金剛出版．

Watzlawick, P., Bavelas, J.B. & Jackson, D.D. (1967) Pragmatics of Human Communication : A Study of Interactional Patterns, Pathologies, and Paradoxes. New York : W.W.Norton & Company.（山本和郎監訳（一九九八）人間コミュニケーションの語用論――相互作用パターン、病理とパラドックスの研究．二瓶社）

◆著者略歴

若島孔文（わかしま・こうぶん）

2000年東北大学大学院博士課程修了，博士（教育学），公認心理師，臨床心理士，家族心理士，犬訓練士。

現在，東北大学大学院教育学研究科准教授。他に国際家族心理学会副会長(International Academy of Family Psychology Vice President)，日本家族心理学会理事長・常任編集委員，日本ブリーフセラピー協会本部研究員制度チーフトレーナー，財団法人ふくしま自治研修センター客員教授，海上保安庁第三管区惨事ストレス対策ネットワーク委員会委員，杉並区教育委員会不登校対策チーム・スーパーヴァイザー，など。

著書：『よくわかる！短期療法ガイドブック』（金剛出版，共著），『事例で学ぶ家族療法・短期療法・物語療法』（金子書房，共編），『脱学習のブリーフセラピー──構成主義に基づく心理療法の理論と実践』（金子書房，編），『ブリーフセラピーの登龍門』（アルテ，共編），『教師のためのブリーフセラピー』（アルテ，共編），『社会構成主義のプラグマティズム──臨床心理学の新たなる基礎』（金子書房，編著），『ナラティヴ・セラピーの登龍門』（アルテ，共編），『愛犬のトラブル解消のためのブリーフセラピー』（アルテ，共編），『家族療法プロフェッショナル・セミナー』（金子書房，単著），など。

◇コラム執筆者略歴（50音順）

浅井　継悟	北海道教育大学准教授
板倉　憲政	岐阜大学教育学部助教
狐塚　貴博	名古屋大学大学院教育発達科学研究科准教授
小林　　智	新潟青陵大学大学院臨床心理学研究科助教
中島隆太郎	明治学院大学心理学部助手
野口　修司	香川大学医学部准教授
平泉　　拓	東北福祉大学総合福祉学部助教
末崎　裕康	産業能率大学学生相談室カウンセラー
吉田　克彦	平塚市教育委員会スクールカウンセラー

ブリーフセラピー講義《こうぎ》

太陽《たいよう》の法則《ほうそく》が照《て》らすクライアントの「輝《かがや》く側面《そくめん》」

2011年10月30日　初刷
2019年 7 月20日　2刷

著　者　　若島孔文

発行者　　立石正信
発行所　　株式会社 金剛出版
　　　　　東京都文京区水道 1-5-16
　　　　　電話 03-3815-6661 ／振替 00120-6-34848
印　刷　　三協美術印刷
製　本　　三協美術印刷
装　丁　　臼井新太郎
装　画　　中井絵津子
組　版　　藍原慎一郎

ISBN 978-4-7724-1224-7　C3011　　Printed in Japan©2011